KB146236

땅 투자,
이렇게 한번
해볼래요?

땅 투자, 이렇게 한번 해볼래요?

박근용 지음

다온북스
DAON BOOKS

I. 부동산으로
인생을 바꾸다

우리는 모두 어린 시절에 운동선수, 선생님, 대통령 등의 다양하고 건강한 꿈을 가지고 있었다. 그러나 시간이 흘러 중고등학교에 진학하면서 많은 이들이 혼란에 빠진다. 남들에게 뒤처지지 않으려 애쓰고 한참 건강한 활동을 할 시기에 좋은 대학에 입학하기 위해 경쟁 속에서 살아남는 연습을 한다.

주위를 둘러보면 집안 형편이 여유로워 과외나 학원도 돈에 구애받지 않고 다니며 음악이나 미술 등의 사교육도 마음껏 받는 사람이 있는가 하면, 형편이 넉넉하지 못해 과외는커녕 학원 하나도 다니기 어려운 사람도 있다. 그래서 좋은 대학에 진학할 수 있어도 등록금 때문에 자신의 꿈을 포기하기도 한다.

어디서부터 잘못된 걸까?

시간이 갈수록 어린 시절의 꿈은 잊어가고 삶의 방향조차 제대로 잡지 못한다. 자신의 꿈보다는 누구나 인정해주는 대학에의 진학과 안정적으로 돈을 많이 벌 수 있는 직업을 원하게 된다. 명문 대학을 졸업하더라도 취업하기가 결코 쉽지 않은데 말이다. 어릴 적부터 치열한 경쟁 속에서 살아남는 연습을 해왔지만 사회는 냉혹해 첫발을 내딛는 것조차 쉽지 않다. 하지만 이보다 더 큰 문제점이 있다.

청년들에게 왜 취업하지 못했는지 이유를 물으면 '일자리가 없어서', '지원을 해주지 않아서'라며 남을 탓하곤 한다. 그러나 청년 실업률이 증가할 수밖에 없는 원인은 따로 있다. 정부에서 일자리나 취업 대책을 마련해주지 않아서가 아니다. 취업을 준비하는 청년들이 본인의 전공이나 꿈꿔왔던 직업보다는 주변의 시선을 먼저 생각하고 명함을 떳떳이 내밀 수 있는 번듯한 직업이나, 이왕이면 돈을 많이 벌 수 있는 직업을 선택하려는 경향이 있기 때문이다. 이러한 상황은 어린 시절부터 키워오던 건강한 '꿈'보다는 '돈'이 있어야 하는 자본주의 사회의 안타까운 현실을 보여준다.

나 역시 어린 시절부터 체육 지도자의 꿈을 키웠다. 오로지 한 길만 보고 묵묵히 꿈을 위해 노력했다. 하지만 꿈을 이루기에는 집안 형편이 녹록지 않았다. 아버지는 내로라하는 건설회사의 임원이셔서 집안도 남부럽지 않았지만, IMF 금융위기를 피해갈 수는 없었다. 기울어진 형편에도 꿈을 이어가기 위해 어린 나이부터 닥치는 대로 일했다. 어느덧 체육학과에 입학하게 되었고 그 길로 내 꿈을 이룬 줄 알았지만 학자금이며 각종 단체비용 등 현실로 닥쳐온 대학 생활은 그렇게 만만하지 않았다.

전공과는 전혀 상관없이 무작정 돈 되는 사업을 찾아 뛰어들었다. 그동안의 고생을 잊을 만큼 큰돈을 벌기도 했다. 돈이 있으니 삶에 여유란 것이 생기고 나를 따르는 사람들도 많이 생겼다. 하지만 그것도 잠시였다. 한순간의 잘못된 선택으로 그동안 이룬 것들을 날리게 된 것이다. 돈은 버는 것도, 모으는 것도 중요하지만 '어떻게 관리하는가'가 제일 중요하다는 걸 깨달은 순간이었다.

모든 것을 포기하고 싶었지만 나를 응원해주는 가족들과 주변 사람들이 있기에 다시 일어서야 했다. 그래서 나는 회원권을 파는 회사에 입사했다. 회원권을 분양하기 위해 전국에 있는 골프장과 콘도를 답사를 하다 곳곳에 생겨나는 많은 아파트와 상가 건물이 눈에 들어오면 예전 일이 후회됐다.

'이렇게나 많은 아파트 중에 내 집 하나가 없네.'

'돈이 있을 때 뭐라도 했으면 전부 잃지는 않았을 텐데.'

이후 답사를 다닐 때마다 신축 아파트 현장을 둘러보며 얼른 돈을 벌어서 내가 살 집 정도는 마련해야겠다고 다짐했다. 하지만 평범한 직장인이 당시 월급 120만 원에서 식비, 교통비, 월세, 각종 공과금 등 필수 소비를 뺀 돈을 저축해서 언제 아파트를 장만하겠는가? 7년 동안 월급을 고스란히 저축해도 1억이다. 내 집 마련은 현실적으로 어려운 일이었다.

그러던 어느 날, 매번 답사 차 다니던 산과 논뿐이던 지역에 도로가 형성되더니 아파트가 들어섰다. 인근 부동산을 찾아가서 물었다.

"이런 허허벌판에 아파트가 잔뜩 생기는 이유가 뭔가요?"

부동산 업자는 내게 이런 대답을 해주었다.

"이 지역에 산업단지가 많이 들어와서 신도시가 조성되는 겁니다. 여기에 땅 가지고 있던 사람들은 다 노났어요."

그 말을 듣자 땅에 대해 제대로 알지도 못하던 내 가슴이 뛰기 시작했다.

'산업단지가 들어와서 신도시가 만들어져 그 땅을 가지고 있던 사람들이 대박이 났다고? 그게 사실이라면 산업단지가 들어오는 다른 지역에도 신도시가 만들어질 테니 내가 먼저 그 땅을 선점하고 있으면 되겠다!'

바로 이때부터 부동산이 답이라는 현실을 깨닫고 부동산 시장에 뛰어들었다. 하지만 처음부터 막막함이 몰려왔다. 누군가 도움을 주는 사람도 없고 큰돈도 없는데 어떻게 투자를 할 것이며, 어디에 투자해야 하는지, 무엇부터 시작해야 하는지 등 막히는 것이 한두 가지가 아니었다. 어떻게든 방법을 찾기 위해 땅 투자와 관련된 책을 읽고 다른 사람들은 땅에 어떻게 투자하는지, 지역은 어떻게 선정하는지 배우려 했지만 이 역시도 그리 친절하진 않았다.

그럼에도 꾸준히 공부하고 현장을 방문하던 중 개발사업이 진행되는 현장에서 우연히 공사안내 표지판을 보게 되었다. 표지판에는 도시개발사업에 대한 사업개요와 발주처, 시행사가 명시되어 있었다. 그에 관련된 자료를 찾아보던 중에 이 개발사업이 언제 계획되어 무슨 의도로 시행되는지 등의 모든 정보를 담은 서류를 확인하게 되었다. 부동산 초짜에게는 신세계였다. 그동안 알고 있던 것과는 전혀 다른 세상을 보게 되었다. 그래서 앞으로도 이런 계획들을 미리 알 수 있는 방법을 공부하고 터득했다.

이후 본격적으로 투자를 시작하기 위해 국토종합계획을 바탕으로 지역마다 어떠한 개발계획이 잡혀 있는지 확인하고 수많은 지역을 다니면서 해당 지자체의 도시계획을 검토했다. 특히 개발 호재가 많은 지역을 눈여겨보던 중 한 곳이 눈에 들어왔다. 당시 평당 36만 원이었던 448㎡(약 136평)의 토지였는데, '토지이용계획확인서'를 열람하니 이미 도시계획이 잡혀있었다. 하지만 내가 가지고 있는 자금으로는 턱없이 부족했다.

서류상으로 모든 것이 맞아떨어지는 땅을 포기할 수 없기에 은행으로 달려가 신용대출을 받았다. 첫 땅 투자에 대출까지 이용했기 때문에 무모한 선택을 한 것은 아닌지, 잘못되는 것은 아닌지 걱정했다. 하지만 이 기회를 놓친다면 앞으로도 평생 도전하지 못할 것만 같았다.

이것이 내 부동산 투자의 시작이었다. 여유자금이 아닌 대출을 동원해 투자한 것이기 때문에 원금과 이자를 갚아나가야 하는 상황이 막막하긴 했지만, 내 소유의 등기를 갖는 그 순간의 뿌듯함과 성취감은 느껴본 사람만이 알 수 있을 것이다.

시간이 흘러 땅에 투자했다는 사실조차 잊고 바쁘게 지내던 어느 날 그 지역에 있는 중개사무소에서 우편물을 한 통 받았다. 누군가가 이 지역 땅을 급하게 찾고 있는데 소유하고 있는 땅을 평당 98만 원에 팔지 않겠냐는 내용이었다. 눈을 의심했다. 불과 몇 년 만에 땅값이 약 3배가 올랐기 때문이었다. 팔고 싶은 마음이 굴뚝같았지만 가치가 더 높아질 것으로 판단했기 때문에 좀 더 보유하기로 결정했다.

이후로도 다른 중개사무소와 부동산 회사에서도 이와 같은 우편이 꾸준히 왔다. 그렇다. 내가 처음 투자했던 땅은 도시계획이 지정되어 있는 제1종 일반주거지역으로 2차선 계획도로 코너에 접해있는 땅이었다. 당시 이 지역에 개발사업이 본격적으로 진행되자 대규모 산업단지가 조성되었고 뒤늦게 땅을 사려는 투자자들이 몰려든 것이다. 이 지역의 땅값은 몇 년 동안 지속적으로 상승했다.

이 투자로 인한 수익은 대출이자와 부대비용을 감안하더라도 약 3.5배나 됐다. 혼자만의 힘으로 한 첫 땅 투자 치곤 나름 성공한 셈이다. 이후 종잣돈이 생기면 땅에 투자했고 지금은 인생이 달라졌다.

나는 돈을 이만큼 벌었다고 자랑하고 싶은 것이 아니다. 전문가 소리를 듣고 싶은 것도 아니다. 부동산은 특정계층이나 가진 자들만의 것이 아니라 관심을 갖고 기본만 갖추고 있다면 누구든지 투자할 수 있고 소유할 수 있다는 말이다. 즉, 부동산은 '선택받은 자'의 것이 아니라 '선택하는 자'의 것이다.

　나는 힘들었던 시절을 견디고 땅에 투자하여 인생을 바꾸었다. 아직 젊기에 엄청난 부를 이룬 것은 아니지만, 지난 11년간 어렵게 공부하고 실전을 경험하면서 땅 투자는 누구에게나 기회가 될 수 있다는 결론을 얻었다. 그래서 보다 더 많은 사람들이 땅에 관심을 갖고 쉽게 접근할 수 있도록 방법을 제공하고, 누구든지 성공적인 땅 투자를 할 수 있게끔 노하우를 공유하고 싶은 마음에 세미나를 진행해왔다. 하지만 세미나는 참석할 수 있는 인원이 한정적이기에 보다 더 많은 투자자들에게 도움이 될 수 있도록 부족한 글재주로 집필을 시작했다.

　이 책 한 권으로 땅에 대한 모든 것을 설명할 순 없겠지만 스스로 투자의 방향을 잡을 수 있게 되리라 확신한다.

II. 아무것도 하지 않으면 아무 일도 일어나지 않는다

우리의 삶에서 재테크는 필수 불가결한 요소이다. 주식, 비트코인, 부동산, 보험 등 많은 재테크 상품이 있지만, 막무가내로 투자를 한다고 해서 모두 성공하는 것이 아니다. 그 분야에 대해 얼마나 알고 시작하는지가 투자의 성패를 좌우한다. 투자뿐만 아니라 어떤 일을 하더라도 기본을 갖추는 것은 항상 중요하다.

운전면허도 없는 사람이 딜러가 추천하는 안전하고 성능 좋은 차량을 구입해봤자 그 차는 그림의 떡일 뿐이다. 차를 몰기 위해서는 운전하는 방법을 알아야하는데 아무런 준비 없이 무작정 도로에 차를 끌고 나간다면 어떻게 되겠는가? 분명히 사고가 날 수밖에 없다.

운전을 배울 때도 차량을 운행하는 법을 가르치기 이전에 교통법규와 조작법부터 배운다. 운동을 할 때도, 공부를 할 때도, 투자를 할 때도 크게 다르지 않다.

땅에 관련된 서류도 볼 줄 모르면서 부동산 업자에게 '어디 돈되는 곳 없습니까?', '투자할 물건 없습니까?'라고 물어 맹목적인 투자를 시작한다면 잘못될 수밖에 없다. 부동산 중에서도 땅은 특히나 법률과 규제 사항이 얽혀있는 부분이 많아 다소 어려울 수 있다. 하지만 투자를 하기 위해서는 기본지식을 먼저 공부해야만 한다.

그러나 어느 정도 안목을 갖춘 상태로 투자를 시작한다면 누구든지 성공할 수 있다. 기회는 누구에게나 평등하다. 기회를 잡느냐 잡지 못하느냐에 따라 당신의 인생이 달라진다. 지금도 늦지 않았다. 인생을 바꾸고 싶다면 지금부터라도 땅에 관심을 갖고 공부해야 한다.

땅에 대해 어느 정도 판단할 수 있는 안목을 키운 후 투자를 시작하려면 큰 틀을 잡아두어야 한다. 먼저 국토종합계획을 확인하여 투자할 지역을 선정한 후, 해당 지자체의 도시계획을 검토해야 한다. 도시계획이 지정되어 있거나 인근 지역의 건축할 수 있는 땅에 투자하는 것이 현명한 투자 방법이다. 땅을 선정했다면 무작정 투자할 게 아니라 최소한 세 가지는 확인하고 결정하기를 바란다.

첫 번째는 **토지이용계획확인서**이다. '지목'이 아닌 '용도'를 확인해야 하며 지적도상 도로의 유무를 확인해야 한다. 또 관계법령에 의한 규제 사항은 없는지, 지구·지정 등으로 토지이용에 제한되는 사항이 있는지 확인하면 된다.

두 번째는 **실거래가**이다. 서류상 아무런 문제가 없고 개발 호재가 많은 땅일지라도 현재 시세보다 현저히 비싸게 산다면 좋은 땅을 선점하고도 성공적인 투자를 기대할 수 없다.

세 번째로는 **임장 활동**이다. 혹여 거리가 멀다거나 서류상으로 땅을 확인했다고 하여 이를 간과하는 경우 큰 위험이 따를 수 있다는 점을 명심하자.

임장 활동은 내가 투자하려는 땅의 모양이나 쓰임새를 보러 가는 것이 아니다. 서류상으로 확인되지 않는 건축물, 무단점유, 분묘, 유치권 등 여러 가지 권리관계가 얽혀 있을 수 있기 때문에 필요한 것이다.

이 밖에도 땅에 투자하려면 확인해야 할 부분이 상당히 많다. 하지만 최소한 **토지이용계획확인서, 실거래가, 임장 활동** 이 세 가지만 제대로 확인하면 잘못된 선택으로 땅을 치고 후회할 일은 발생하지 않을 것이다.

◉ 차례

PART
1 누구에게나 기회는 평등하다 ▶

PART

4 실전에서 이것만은 기억하라 ▶

PART 1

누구에게나
기회는 평등하다

투자, 결국 이익을 보기 위한 것!

투자란 무엇인가?

이 질문에 모두가 공감할 수 있는 대답은 **'이익을 보는 것'**이다. 즉, 투자란 현재의 기회비용을 포기함으로써 미래에 수익을 기대하는 행위이다. 투자에는 많은 모순이 작용한다. 누구나 단기간에 안정적으로 고수익을 내기를 바라지만 단언컨대 이 세상에 그런 투자처는 존재하지 않는다. 고수익을 얻고자 한다면 그에 따른 높은 위험률을 감수해야만 한다. 모든 투자는 위험과 수익률의 반비례 관계이므로 어떠한 투자를 하더라도 희망 사항대로 수익을 창출할 수는 없다. 그렇다면 우리는 어떠한 투자를 해야 하는가?

다음의 표를 보자. 이 표는 우리가 많이 하는 재테크의 장단점을 정리한 것이다.

구분	예금	주식	부동산
수익률	낮음	높음	높음
안정성	높음	낮음	높음
환금성	높음	높음	낮음

대표적인 투자의 유형으로는 위험부담이 적고 환금성이 빠르며 안정적인 **예금**, 위험부담이 크지만 단기간에 고수익을 낼 수 있고 환금성이 빠른 **주식**, 높은 수익을 기대할 수 있고 안정적이지만 환금성이 낮은 **부동산**이 있다. 모두들 각자의 투자신념을 바탕으로 자금 상황에 맞는 재테크를 하고 있지만 투자의 안정성과 수익률을 통계적으로 종합해보면 부동산이 최고의 투자처로 손꼽힌다. 일명 '부자'들 중에서 부동산에 투자하지 않는 사람은 없다. 게다가 요즘은 위험률이 높은 주식보다는 상대적으로 안전하게 부를 증식할 수 있는 부동산 투자를 선호한다.

예금이나 주식은 투자가치가 없으니 무조건 부동산에만 투자하라는 것이 아니다. 다만 수익률은 높고 위험률은 낮은 투자처가 부동산이란 얘기다. 그러므로 이제 막 재테크를 시작하려는 사람들도 관심만 있다면 안전하고 정확하게 수익을 볼 수 있는 재화임이 분명하다.

　　다만 부동산이든 주식이든 어느 한 곳에 국한되지 않고 보다 효율적으로 자금을 운용하고 관리할 수 있는 투자처를 검토해 보는 것이 현명하다. 본인의 자금 상황을 고려하여 투자계획을 적절하게 세워놓는 것도 중요하다. 그러므로 예금, 주식, 부동산 등의 유형을 바탕으로 본인에게 맞는 최적이 포트폴리오를 구성하고 저당한 비율로 자산을 분배하여 투자를 시작하는 것이 좋다.

예금·주식·부동산, 현명한 투자처는 어디인가?

세미나를 진행할 때 참석자들에게 어디에 투자해보셨는지, 지금까지 부동산에 투자할 기회가 없으셨는지 물으면 많은 분들이 이렇게 답하곤 한다.

"하고 싶어도 목돈이 없어서⋯⋯."

"주식은 값이 오르내리는 걸 매일 확인할 수 있는 반면에 부동산은 당장 눈에 보이지 않아서 불안해요."

"빨리 수익을 낼 수 있는 것이 좋아요."

이런 대답을 들을 때마다 나는 이렇게 답한다.

"사실은 모두가 부동산에 관심을 갖고 있습니다!"

부동산으로 돈 버는 일은 멀고 막연한 남의 일이 아니다. 누구나 '내 집 마련'이라는 꿈을 갖고 있지 않은가. 신혼부부들은 신혼집을 마련하기 위하여 여기저기 발품을 팔며 거주할 집과 연계되어 있는 생활권을 비교한다. 학교, 대형마트, 교통망, 병원 등 이런 요소를 꼼꼼하게 검토하는 것도 부동산 투자의 일부분이다. 다만 우리가 인식하지 못하고 있을 뿐이다.

투자는 이렇게나 가까운 일이다. 그런 만큼 조심해야 할 투자도 있다. 주식이나 가상화폐 같은 위험부담이 높은 투자를 말하는 것이 아니라 투자에 성공한 사람이나 지인들의 '나 믿고 투자 한 번 해봐'로 시작하는 경우를 말하는 것이다. 특히 주식 같은 경우 권유로 투자를 시작하는 것은 자칫 엄청난 손실로 연결될 수 있으니 조심해야 한다.

사실 지금의 주식 시장은 회사의 가치를 판단하여 투자하기 어려울 정도로 변질되었다. 일부 종목은 자본금을 많이 가지고 있는 세력들이 주가를 조작하는 사례도 종종 발생한다. 주식 시장에는 알게 모르게 '작전주'가 존재한다. 회사의 재무, 성장 가치와는 무관하게 밑바닥에서 매물을 일정 기간 동안 모으고, 어느 정도 물량이 모아지면 본격적인 작전이 시작된다. 한순간에 막대한 자금을 투입하여 주가를 천정부지로 올리는 것이다. 이를 알 리가 없는 개인 투자자들이 이 종목에 관심 갖기 시작하고 '지금 매수하면 더 오르겠지? 조금 더 관망해야 하나?'고민할 무렵, 언론에서 달콤한 뉴스와 공시가 발표된다. 이를 확인한 개인 투자자들은 앞으로 주가가 상승할 것을 기대하고 과감하게 투자를 시작한다. 이렇게 개인의 매수세가 들어오기 시작하면 기존에 물량을 모았던 세력들은 개인 투자자들에게 매물을 넘기고 그 종목에서 발을 뺀다.

개인 투자자들이 주식에 투자하여 실패하는 사례가 유독 많이 발생하는 이유는 주식이 위험하고 나빠서가 아니다. 차트를 분석하고 종목을 판단할 수 있는 안목을 갖추지 않은 채로 투자를 하고 있기 때문이다. 차트를 보고 분석하는 방법을 모르니 투자 정보를 얻기 위해서 언론에서 떠도는 작은 소문 하나에도 과감하게 자금을 투입하는 것이다. 이로 인해 소중한 재산을 한순간에 탕진하는 사례들이 빈번히 발생하고 있다.

이런 방식의 투자는 주식과 부동산은 물론 그 어떤 투자인가를 막론하고 바람직하지 않다. 많은 개인 투자자들이 '왜 내가 사니까 주가가 내려가지?', '지금 팔면 오를 것 같은데?' 등의 생각을 하며 손해를 보는 와중에도 손절하지 못하고 평단가라도 낮출 생각에 서슴없이 추가 매수를 한다. 결국 온종일 호가창만 바라보면서 운에 맡기는 투자를 하고 있는 것이다.

주식 시장은 누군가가 벌면 누군가는 잃게 되는 치열하고 냉정한 곳이다. 시장의 흐름에 직접적인 영향을 받음과 동시에 투자 실패 시 모든 책임이 본인에게로 귀속되어 구제받을 수 없다. 대부분의 경우 주가가 바닥을 치면 상승하기 마련임에도 불구하고 주식이 다수 위험률이 높은 투자로 지목받고 있는 이유는 혹시라도 투자한 종목이 상장폐지 되면 원금을 복구할 수 없을뿐더러 재산을 탕진할수 있기 때문이다.

그럼에도 불구하고 많은 이들이 주식 시장을 선호하는 이유는 접근성이 좋고 단기적인 투자가 가능하고, 환금성이 용이하며 높은수익을 기대할 수 있기 때문이다.

주식은 위험률이 높으니 무조건 하지 말라는 것이 아니다. 어떠한 투자를 하더라도 기본은 알고 정확히 판단할 수 있을 때 시작하자는 것이다.

나 역시 주식을 하고 있다. 처음 주식을 시작했을 때 지인이 다니던 회사 내부에 고급 정보가 있다며 지금 사놓으면 높은 수익을 볼수 있다는 말에 앞뒤 재보지 않고 달려든 적이 있다. 주식의 '주'자도모르는 상태로 투자를 시작하다 보니 불과 몇 달 사이에 무려 이천만 원이나 탕진했다. 인간의 욕심은 끝이 없고 같은 실수를 반복한다고 큰 손해를 봤음에도 복구해보자는 마음으로 주변 사람들이 추천하는 주식에 여러 번 투자했다. 그중 상장폐지 된 종목이 세 가지나 된다. 정말 어리석은 행동이었다.

그러던 중 우연한 계기로 주식 전문가를 알게 되었다. 몇 마디 얘기를 나눠보니 역시 전문가는 달랐다. 나는 그에게 한 가지 재미있는 제안을 했다.

"주식하는 법과 차트를 분석하는 방법을 좀 가르쳐주세요. 제가 땅을 분석하는 법과 노하우를 알려드릴게요."

지금 생각하면 너무나 웃긴 상황이지만 뭐든지 알아서 나쁠 것은 없다고 생각했다. 주식 전문가를 만난 후로 주식 수익률이 꽤 많이 올랐다. 어느 정도 차트를 보고 분석하는 방법도 배우고 판단력도 키울 수 있었다. 그날 이후로 예전처럼 큰 손해를 본 적은 없다. 이처럼 어떠한 재테크를 하든 간에 혼자만의 생각과 막연한 기대감으로 주먹구구식의 투자를 하기보다는 그 분야의 전문가를 통해 배우고 시작하는 것이 현명하다.

이렇듯 기본을 알고 투자하는 것과 모르고 투자하는 것은 하늘과 땅 차이다. 그 분야에 대해 잘 모른다고 해서 되레 겁먹고 무조건 피하는 것보다 전문가를 통해 배우는 것이 좋다. 배움은 잠시지만 그로 인해 발생하는 시너지는 오래도록 당신의 것이다.

　　주식이든 부동산이든 높은 수익을 통해 부를 증식할 수 있는 좋은 재테크임은 분명한 사실이지만 이제 막 재테크를 시작하려 한다면 내 본업을 떠나서 부동산을 적극적으로 추천하고 싶다. 부동산은 최악의 경우에도 소유권 이전을 통해 등기를 가지고 있으면 소유권을 정당하게 주장할 수 있을 뿐더러 미래에 발생하는 수익을 기대할 수 있기 때문이다. 이처럼 부동산은 안정적인 투자라는 장점이 있다. 그중에서도 땅은 **100% 정확하게** 파악할 수 있다.

강남불패,
역사의 시작

　땅 투자가 활성화되어 어마무시한 부를 창출하기 시작한 시점은 단언컨대 **강남불패**이다. 대한민국은 농경사회였기 때문에 지금의 강남 역시 1961년 서울시로 편입되기 전까지는 여느 지역과 마찬가지로 한적한 농촌이었다. 1960년대 서울시의 인구가 급증함에 따라 행정구역이 점차 확대되면서 주택공급이 턱없이 부족해졌다. 이 상황을 이용해 저렴한 미개발지를 수용해서 분양하면 엄청난 수익을 볼 수 있었기에 정부는 1969년 말 제3 한강교를 개통함과 동시에 강남 지역을 토지구획정리지구(영동 구획정리지구)로 선정하여 900만 평이 넘는 토지를 개발하기 시작했다.

본격적으로 강남권 개발이 시작되자 이 지역에 '말죽거리 신화'라 불리는 부동산 투기 바람이 불었다. 고위층 간부와 재벌들은 개발 정보를 이용하여 땅을 사들여 자산을 늘려갔다. 소위 '복부인'이라고 불리는 사람들도 생겨났고, 강남 일대의 토지는 집중적인 투기 대상이 되었다. 이러한 개발 열풍과 투기 세력들로 인하여 토지 가격은 하룻밤 사이에 기하급수적으로 올라 강남 땅값은 하늘 높은 줄 모르고 치솟았다. 그 결과 1970년대 이후 땅값이 1년 사이 무려 10배 이상 뛰어 땅 투기로 인한 어마어마한 수익을 거둔 부자들이 속출했다.

이후 누가 먼저라 할 것 없이 많은 사람들이 강남으로 몰려들어 땅을 사들였다. 인구가 급격하게 증가하자 이로 인해 서울 곳곳에 개발사업이 활발하게 진행되었다. 때문에 서울권의 땅값은 멈출 줄 모르고 꾸준히 상승했다. 과거에 강남 땅을 소유하고 있던 사람들이 지금까지도 대한민국의 상위권에 속하는 자산가일 정도다.

강남불패를 시작으로 서울권에 대규모 인구 이동이 일어나게 되자 주택 시장은 포화상태를 이루었다. 당시 정부는 서울권에 밀집되어 있는 인구 과밀화 현상을 해소하기 위해 분당, 판교 주변으로 위성도시를 만들어 주택을 공급하는 도시개발계획을 수립했는데, 이러한 정보를 미리 알 수 있었던 고위층들은 개발될 지역의 땅을 미리 사들여 땅값을 올리기 시작했다. 개발사업이 진행되면서 이 지역에 투자한 사람들은 강남 때와 마찬가지로 막강한 부를 축적할 수 있었다.

| 1970년대 강남 영동구획정리사업 [출처 - 서울역사박물관]

이 짧은 글을 읽고 가슴이 뛴다면 이미 땅에 투자하는 방법을 찾아냈을 것이라 생각한다. 위에서 확인한 내용처럼 과거 강남의 '영동도시구획정리사업' 개발계획을 미리 알았던 사람들은 사업예정지와 인근의 땅을 사들였다. 개발사업이 진행되려면 사업구역 내의 땅을 필요로 하기 때문에 땅값이 상승할 수밖에 없고 이를 통해 많은 부를 축적할 수 있었다.

대한민국의 도시개발은 하루아침에 무작위로 이루어지는 것이 아니다. 앞서 확인한 바와 같이 미리 개발계획을 수립한 후 개발사업이 진행되기 때문에 우리는 이러한 계획들만 미리 알 수 있다면 정확한 땅을 선점하여 부를 축적할 수 있다. 과거에는 고위층이 아니면 이러한 정보를 얻기가 쉽지 않았지만, 지금은 누구든지 각 지자체의 홈페이지를 통해 도시계획을 손쉽게 확인할 수 있다. 그러므로 '땅에 투자해서 돈 좀 벌어볼까?'라며 아무 땅에나 자금을 묻어두고 대박을 기원하기보다는 이러한 개발계획에 대한 정보를 수집하는 것이 좋다.

주택 시장 VS 토지 시장, 당신의 선택은?

나라면 망설임 없이 **토지 시장**을 권하겠다.

과거 일반 투자자들은 땅에 대한 이해와 정보가 부족했고 특히나 땅은 당장 눈앞에 보이지 않기 때문에 미래 가치성을 판단하기가 쉽지 않았다. 이런 이유로 많은 투자자들이 땅보다는 주택 시장에 관심을 가졌다.

1970~2000년대 초반까지 우리나라는 주택 수보다 세대별 가구 수가 앞섰다. 다시 말해 그 당시만 하더라도 인구가 증가하는 데에 비해 주택 보급율은 턱없이 부족했고, 때문에 분양만 받더라도 프리미엄이 붙곤 했다. 이로 인해 아파트 투자 열풍이 불었고 공급량에

비해 수요량이 급격히 증가함에 따라 아파트값이 꾸준히 상승하게 되었다.

　지금 상황은 어떠한가? 아파트 공급량이 수요량을 넘어선지 오래다. 그래서 공급과잉현상이 일어나고 있다.

　현재 대한민국의 전체 인구수는 약 5,200만 명이지만 고령화와 저출생률이 급격히 증가하면서 인구가 매년 감소하고 있다. 이 상황이 지속된다면 앞으로 40년 안에 대한민국 인구는 약 4천만 명 미만으로 대폭 줄어들게 된다. 인구가 점차 감소함에 따라 주거비율 역시 낮아지게 되므로 주택 시장의 공실률은 점차 높아질 수밖에 없다. 이는 아파트 가격의 하락요인으로 작용될 여지가 크다.

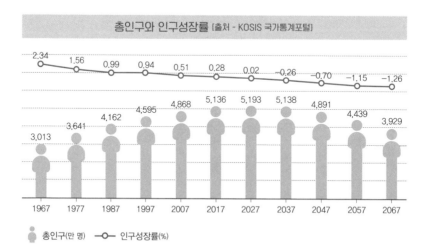

총인구와 인구성장률 [출처 - KOSIS 국가통계포털]

인구고령화에 따른 대비와 보조지원금을 상향 조정하여 출생을 장려하는 대책 마련이 시급하지만, 지역균형 발전이란 목표를 달성하기 위한 개발사업에 막대한 예산을 투입하고 있어 이에 대비하기 어렵다. 상대적으로 열악하거나 낙후된 지역에 예산이 투입되어 지역 간의 균형 발전을 이뤄가고 있지만, 결국 개발되는 지역에는 신도시가 형성되고 주택공급이 늘 수밖에 없다.

현재 한국의 주택 보급률은 103.3%에 달하는 반면 주택 소유율은 약 60%에 불과하다. 지난 몇 년간 주택 보급률이 꾸준하게 늘어났음에도 주택 소유율은 오히려 줄어들고 있다.

주택보급률 통계자료 [출처 - 국토교통부]

가장 큰 문제는 무엇일까?

개인적으로는 투기 세력뿐만 아니라 정부의 정책도 한몫한다고 생각한다. 정부에서 시행하는 공공임대주택 공급이 꾸준히 늘어나고 있는데 이미 투기 세력들은 민간 건설사의 아파트를 거주 목적이 아닌 투자 목적으로 분양을 받아 여러 채 보유하고 있다. 이렇게 자금력이 있는 투기 세력들이 분양을 받아 높은 프리미엄이 형성된 채로 시장에 나오기 때문에 거주를 목적으로 하려는 수요자는 계속해서 기회를 뺏긴다. 집 없고 돈 없는 사람들에게 아파트란 여전히 꿈일 뿐이다.

재개발지역에서도 이런 현상이 종종 발생한다. 재개발이 시작되면 원래 거주하던 주민에게 이주대책으로 입주권을 부여한다. 하지만 재개발을 통해 조성된 아파트에 입주하기 위해서는 추가 분담금을 납부해야 한다. 납부할 여력이 없는 주민들은 입주 조건을 맞출 수 없어 아파트에 살 수 없다. 결국 돈을 가진 사람들만이 조건을 충족하게 되므로 이와 같은 악순환이 반복될 수밖에 없다.

정부에서 이주대책을 세우고 원주민에게 입주권을 부여하는 것이 무슨 의미가 있겠는가? 이것은 서민들을 오랜 삶의 터전에서 몰아낼 뿐이다. 이렇듯 재개발 지역에서는 보상문제와 이주대책 등 많은 분쟁이 발생하므로 사업 기간이 길어지는 일이 잦다.

최근 정부는 각종 부동산 정책 및 규제를 통해 다주택자들의 세금을 강화하는 대책을 마련했다. 이로 인해 그들이 보유하던 매물이 시장에 대량으로 나오면서 중심 생활권이 아닌 아파트의 시세는 주춤한다. 다주택자들이 주택을 처분한 자금으로 토지 투자에 관심을 돌리고 있기 때문에 앞으로 토지 시장의 전망 역시 밝다. 그러나 서민들에게 주택 시장의 벽은 너무나 높고 종잣돈을 갖고 있더라도 무리하게 대출을 받아 투자하는 것은 큰 부담이다. 때문에 소자본으로도 투자할 수 있는 땅으로 관심을 돌리곤 한다. 하지만 기본도 갖추지 못한 채 돈을 벌어보겠다는 막연한 기대감 하나로 투자를 시작했다간 엄청난 손실을 볼 수밖에 없다.

나는 초보 투자자나 투자를 망설이는 사람들을 위해 세미나를 주최하고 있다. 내가 초보 투자자들에게 가르치고 싶은 것은 어떤 땅이 대박이냐가 아니라 대박이 될 땅을 직접 고르는 법이다. 땅에 관련된 문서를 확인하는 방법과 투자 노하우를 공유하여 스스로 가치를 판단할 수 있는 안목을 키워주는 것이다. 이는 잘못된 선택으로 발생할 수 있는 투자 리스크를 사전에 방지하기 위함이다.

하지만 안타깝게도 여전히 많은 이들이 땅 투자를 '나랑 상관없는 일'로 여겨 당장 좋은 투자 기회가 생겨도 목돈이 생기면 생각해본다며 거리감을 두기도 한다.

일반적으로 큰돈이 없으면 투자를 못한다고 생각하는데, 이것은 큰 오해다. 목돈을 만들고 투자를 시작하려 하면 이미 많은 기회를 잃은 뒤일 것이다. 수익이 확실한 땅이라면 적은 돈이라도 투자해 조금씩 불려 나가는 것이 좋다.

내가 첫 투자를 하던 때에 가진 돈은 1,500만 원이 전부였고 매입하려는 땅값은 5,000만 원이었다. 보유하고 있던 자금으로 매입하기에는 턱없이 부족했기 때문에 매매대금 중 3,500만 원은 신용대출을 받았다. 따지고 보면 내가 가진 1,500만 원으로 투자를 시작한 셈이다. 수익이 확신한 물건이라고 판단했기 때문에 과감한 결정을 내릴 수 있었다. 이처럼 목돈을 가지고 있어야만 땅에 투자할 수 있는 것이 아니라 누구에게나 기회가 평등할 때 먼저 그 기회를 잡는 사람이 한발 앞서는 것뿐이다.

땅은 더 이상 특정계층의 전유물이 아니다. 과거에는 땅에 대한 정보를 얻거나 판단하기가 어려웠지만, 지금은 관심만 있다면 누구나 알 수 있다. 그럼에도 불구하고 '땅은 대대로 물려줘야 한다', '운이 따라주지 않으면 땅으로 돈을 벌 수 없다'라는 색안경을 끼고 있는 사람이 많으니 안타까울 따름이다.

무조건 땅에 투자해야만 수익을 보거나 땅 투자만이 현명한 재테크라는 말이 아니다. 다만 전국 각지에 개발계획이 존재하고 저평가되어 높은 수익을 기대할 수 있는 땅이 많으니 소자본으로 시작할 수 있는 땅에 관심을 가져보자는 것이다.

기본은 갖추고
시작하라

세미나를 하다 보면 자주 듣는 질문들이 있다.

"돈 되는 지역이 어디입니까?" 혹은 "돈 되는 땅 있습니까?"라는 질문이 바로 그것이다. 그럴 때마다 나는 이렇게 대답한다.

"대한민국 어디에나 돈 되는 땅이 있습니다."

이에 사람들은 왜 투자할 물건을 소개해주지 않느냐는 식으로 얘기한다. 땅에 투자해 보신 적 있냐고 되물어 보면 대부분이 처음이거나 이제 막 땅에 관심을 가져보려는 사람들이다.

부동산 전문가들이 추천해주는 투자 물건도 물론 중요하지만 정말 필요한 것은 돈 되는 지역이 아니라 내가 투자하려는 땅이 정확한가를 판단할 수 있는 **안목**이다. 아무리 돈 되는 지역을 선정하고 이 지역 주변에 개발계획이 잡혀있더라도 내가 투자하려는 땅이 개발제한구역으로 묶여 있거나, 자연환경보전지역 혹은 절대농지로 지정되어 있다면 실패하고 말 것이다. 그러므로 본인이 어느 정도 땅을 구분하고 확인할 수 있을 때까지는 전문가의 추천이라고 해서 무조건 신뢰하고 투자하는 것은 바람직하지 않다.

대한민국은 법치국가이다. 우리가 살아가고 있는 모든 환경은 법률과 규율로 정해져 있다. 예컨대 신호등이 빨간불이라면 차량은 정지선에 멈춰야 한다. 법으로 정해놓았기 때문이다. 이를 무시하고 그냥 지나가면 대형사고가 날 수도 있고 신호위반으로 범칙금도 내야 한다. 땅 역시 각종 법률과 규제 사항으로 정해져 있다. 이를 무시하면 안 된다는 얘기다. 농림지역으로 정해져 있다면 농사를 지어야 하고 보전지역으로 지정되어 있다면 그 땅을 보전해야 한다. 농사를 짓는 땅에 상가를 짓는다고 해서 상업지역이 되겠는가? 이는 법을 위반한 것이기 때문에 인정받지 못한다.

이처럼 땅도 쓰임새가 법으로 정해져 있는데 내 땅이라는 이유로 법을 무시하고 마음대로 신축하거나 개발할 수는 없다. 전국의 모든 토지의 용도가 법이라는 큰 테두리 안에 정해져 있기 때문에 이런 내용들을 서류를 통해 확인만 하더라도 잘못된 투자를 할 일은 없다.

그럼에도 불구하고 많은 투자자들이 실패하는 이유는 서류를 보는 방법을 모르거나 혹은 현장에 가보고도 땅의 위치나 생김새만 보고 판단하거나 또는 그럴듯한 설명을 듣고 의심 없이 투자를 결정하기 때문이다.

내게 토지에 투자하는 가장 정확한 방법을 묻는다면 **서류부터 파악하는 것**이라고 대답할 것이다. 땅에 투자할 때 검토해야 할 서류가 많지만 우선 '토지이용계획확인서'를 보는 방법부터 공부하길 바란다. 이것만 알아도 땅을 구분할 수 있는 어느 정도의 안목이 생길 것이다.

땅 투자, 소자본으로 시작할 수는 없을까?

물론 가능하다.

땅에 투자하면 안전하게 고수익을 얻을 수 있음에도 불구하고 대부분 이런저런 핑계를 대며 실행하지 않는다. 요즘은 젊은 층도 재테크에 많은 관심을 갖고 있는데다 심지어는 가치를 정확하게 판단할 근거도 없는 가상화폐까지 관심을 가지면서 말이다.

최근 우리나라에 '비트코인' 열풍이 불었다. 정부가 직접 가상화폐에 대한 규제방안이나 대책을 마련할 정도였다. 언론이나 방송에 비트코인으로 인생을 바꾼 사람들의 이야기가 보도되면서 누가 먼저라 할 것 없이 가상화폐에 투자하기 시작했다. 투자 가치를 판단할 수 있는 근거나 기본 지식도 갖추지 않은 채 막무가내식의 투자를 한 것이다. 심지어는 신용대출은 물론 거주하고 있는 집의 담보대출까지 이용할 정도로 심각한 문제에 직면했다.

많은 사람들이 재테크에 관심을 갖는 것은 좋은 일이지만 그 수에 비례하여 실패를 맛보는 투자자가 많아지고 있다는 것이 문제이다. 물론 주식이나 가상화폐도 좋은 투자가 될 수 있다. 하지만 결과를 정확하게 판단할 수 없기 때문에 절반 밖에 안 되는 확률에 기대야 한다. 반면 땅 투자는 누구나 손쉽게 정보를 얻어 정확한 결과를 이끌어낼 수 있는데 사람들은 유독 땅 투자를 어렵게 여긴다.

사람들이 땅 투자를 생각할 겨를이 없는 이유 중 하나는 내 집 마련에 대한 꿈 때문이다. 흔히 부동산 투자라고 하면 땅보다는 내 집 마련을 위한 아파트를 먼저 떠올린다. 대부분 종잣돈이 모이면 무리하게 대출을 안고서라도 아파트를 장만하려 한다. 그러나 아파트 분양을 위해 대출을 받은 평범한 부부를 예시로 들어보겠다.

매달 생활비에 자녀 교육비는 물론 대출 이자까지 갚아야하는 빠듯한 가계 사정 덕에 그들은 다른 재테크는 상상도 하지 못했다. 오랜 시간이 지나 대출금을 다 갚고 난 뒤 그들에게 남은 것은 아파트 한 채와 많아진 나이뿐이었다. 노후 대비? 이자와 생활비만으로도 벅찼던 그들에게 노년을 걱정할 여유가 있었을까? 그러니, 순서를 바꿔보면 어떨까? 무리하게 대출을 받아 아파트를 마련하여 빠듯하게 생활하는 것보다는, 소액으로도 얼마든지 안전하고 정확하게 고수익을 올릴 수 있는 토지에 먼저 눈을 뜨라고 말이다. 아파트는 낡지만 땅은 아니다.

아직까지도 저평가된 땅과 개발계획이 많기 때문에 누구든지 성공적인 투자를 할 기회가 있다. 내 집 마련을 하기 전에 먼저 땅에 투자하고 그 수익금을 적절하게 분배하면 아파트뿐만 아니라 남은 여유자금으로 꾸준히 재테크를 이어나갈 수도 있고 조금 더 여유로운 생활을 할 수도 있다. 하지만 주의할 점은 늘 존재한다. 무리하게 자금을 융통하여 시작하는 것은 금물이다. 땅은 기다림과 인내심이 필요한 세월 투자이기 때문이다.

미래 가치성이 확실한 땅이라면 어느 정도의 대출을 받아 투자하는 것도 하나의 방법이기는 하지만 아무리 좋은 물건이라고 할지라도 대출을 받아 투자를 진행할 때는 반드시 자금계획을 철저하게 세워야 한다. 자금계획을 세우지 않은 상태로 자금을 장기간 묶어두면 운영이 어려워지므로 생활에 지장이 생기거나 오히려 수익금보다 이자가 더 커질 수도 있다. 그러므로 매도 타이밍을 예측하기 어렵거나 장기적인 물건이라면 무리한 대출을 안고 투자하는 것보다 신뢰

관계가 형성되어 있는 사람들과 자금을 모아 공동투자를 하는 것도 괜찮은 방법이다.

공동투자는 내가 가진 자본에 비해 매물의 가격이 다소 높더라도 효율적으로 투자할 수 있고 지분 비율만큼 수익을 얻을 수 있다는 장점이 있다. 하지만 공동투자를 할 경우에는 한 가지 주의할 점이 있다. 만약 공동투자자 중 한 사람의 명의로 소유권 등기가 완료된다면 추후에 문제가 발생해도 정당한 소유권을 주장할 수 없어 법적으로 보호받지 못하는 경우가 생긴다. 그러므로 공동으로 투자할 경우에는 반드시 투자한 자금의 비율대로 공유지분등기를 해야 한다. 분쟁이 발생하더라도 법적으로 원만하게 해결할 수 있기 때문이다. 이외에도 경·공매를 활용하여 소자본으로 땅에 투자하는 방법도 있다. 하지만 어떤 방법이든 투자 자체보다는 땅에 대해 알고 접근하는 것이 우선이다.

갑자기 재미있는 얘기가 떠오른다.
언젠가 세미나를 마치고 참석하신 분들과 커피를 마시는데 어느 분이 로또에 대한 이야기를 꺼냈다.
이야기의 주인공은 게으른 백수로, 그의 유일한 일정은 마당에 물을 한 그릇 떠 놓고 하루종일 동네가 떠나가라 큰소리로 외치는 것이었다.

"로또 당첨되게 해주세요!"

이 기도가 몇 해 동안이나 계속되자 이에 지친 마을 사람 하나가 그를 나무랐다.

"아 이 양반아! 일단 로또를 사야 당첨을 시켜주든 말든 할 거 아닌가!"

요즘 말로 웃픈 이야기다. 호랑이를 잡고 싶다면 호랑이 굴로 들어가야 한다. 마찬가지로 돈을 벌고 싶다는 생각만으로는 절대 돈을 벌 수 없다. 재테크를 효율적으로 할 수 있는 방법에 대해 공부하고 적극적으로 움직여야 한다. 아무런 준비도 하지 않고 그저 '돈 벌게 해주세요!'라고 기도한다고 해서 성공할 수 없다. 그것이 세상의 이치이다.

땅값은
오를 수밖에 없다

땅의 가치는 무한하다. 땅값이 지속적으로 상승할 수 있는 가장 큰 이유는 **부증성**이다. 국토의 면적은 한정되어 있고 인위적으로 생산할 수가 없다는 뜻이다. 그럼에도 일반 투자자들은 가치 있는 땅은 이미 오를 만큼 올랐다며 투자하는 것을 포기하고, 값싼 땅은 투자 가치성이 없어 보여 망설인다. 하지만 땅의 가치는 상승할 수밖에 없는 구조를 가지고 있다. 이 사실을 기억하길 바란다.

국가계획 및 각 지자체의 도시계획에 따라 많은 인구 유입이 예상되는 지역에 대규모로 수용방식의 개발사업을 진행하면 막대한 토지 보상금이 풀리게 된다. 토지 보상금으로 1년 이내에 인근 부동산을 취득하면 취득세를 면제하거나 양도세를 감면해주는 혜택이 있기 때문에 보상금을 받은 소유자들은 수용된 토지 반경 20km 이내의 주변 토지를 취득한다. 이러한 보상을 받지 않은 소유자들은 20~70%의 감보율이 적용된 토지로 돌려받고 있다. 이것이 '대토'라는 것이다.

💡 TIP — '대토'란?

개발사업으로 인해 토지를 수용당한 소유주가 반경 20km 이내의 허가구역 안에 같은 종류의 토지를 구입하는 것을 말한다. 이 경우 취득세, 등록세를 면제하고 있으며 종전 토지의 처분으로 발생하는 양도소득에 대해서는 법에서 정한 한도 내에서 100% 감면해주고 있다.

농지대토는 농지소재지에 4년 이상 거주하면서 직접 경작한 자에게 요건이 주어진다. 대토는 종전의 토지를 양도하고 새로운 농지(전·답·과수원)를 취득할 경우 1년(국가에 의한 협의매수·수용은 2년) 이내에 취득해야 하며, 대토농지 요건은 종전 면적의 2/3 이상 혹은 양도가액의 1/2 이상이다.

또한 새롭게 취득하는 농지의 시·군·구에 거주해야 하며, 해당 지역이 아닐 경우 30km 내의 거리에 거주해야 한다. 또 매도한 농지와 취득한 농지의 경작 기간을 합하여 8년 이상 계속하여 경작해야 한다. 이 때 알아두어야 할 점은 근로소득이나 사업소득이 3,700만 원을 초과하는 해는 경작한 것으로 인정되지 않는다는 것이다.

결국 토지 보상금이 시장으로 다시 유입되기 때문에 주변 땅값

이 큰 폭으로 오를 수밖에 없다. 즉, 개발사업이 진행되는 지역의 땅의 공급은 한정되어 있고 수요는 무한하기 때문에 일반 사람들의 시각으로는 가치성을 판단할 수 없어도 땅값은 오른다.

이러한 토지에 투자하여 수익을 얻는 방법은 생각만큼 어렵지 않다. 국토종합계획을 확인하여 신도시나 산업단지, 역세권, 행정타운 등 개발 호재가 많은 지역에 도시계획이 잡혀있는 땅을 선점하면 된다. 대부분 원형지에 투자하고 개발사업이 진행됨에 따라 땅의 가치성이 바뀌고 지가가 상승함으로써 수익을 얻는 방법을 취하고 있다. 또한 경·공매를 통해 시세보다 저렴하게 투자를 시작하여 수익을 얻거나 전·답·임야를 매입하여 직접 개발을 통해 땅의 가치성을 바꿔 수익을 보는 방법도 있다.

두 번째는 땅의 위치를 인위적으로 이동하거나 지배하지 못하는 **부동성**이다. 위치가 고정됨으로써 임장 활동과 정보 활동, 중개 활동이나 입지선정활동을 활성화시킨다. 이로 인해 주변에서 일어나는 외부 환경 조건이 토지의 가격에 영향을 주게 되는데 이를 '외부효과'라 한다. 외부효과로 인해 토지의 가격이 상승되거나 하락할 수 있다.

예를 들어 내가 소유하는 땅 주변에 KTX 역사가 조성되거나, 대규모 산업단지, 백화점 등이 조성되면 정(+)의 외부효과로 인하여 땅 가격이 상승하지만 화장터, 장례식장, 쓰레기 매립장 등이 조성되면

부(-)의 외부효과가 발생하여 가격이 하락하게 된다. 위치를 임의대로 이동할 수 없기 때문에 외부효과에 따라 용도지역·지구 지정 등이 달라지고 토지의 이용 가치가 달라질 수 있다는 것이다.

세 번째는 땅의 사용이나 시간의 흐름에 의해서 소모되거나 마멸되지 않는 **영속성**이다. 토지의 가치보존력을 우수하게 하며 소유이익과 이용이익을 분리하여 타인으로 하여금 이용 가능하게 한다. 따라서 부동산의 매매 시장 뿐만 아니라 임대차 시장도 발달할 수 있는 요소이다. 토지는 사용에 의하여 소모되거나 마멸되지 않기 때문에 보유할 수 있고 미래에 가격상승을 기대할 수도 있다. 예컨대 낙후된 지역에 재개발사업이나 재건축사업, 도시정비사업 등이 진행되면 땅값은 상승한다. 상향 여과가 발생하는 부분도 땅을 계속해서 사용할 수 있는 영속성을 갖고 있기 때문이다.

경기가 침체기를 겪고 있음에도 토지 시장은 여전히 뜨겁다. 주택 시장의 보급률이 해마다 늘어나고 관련 규제가 강화됨에 따라 부동산에 관심을 갖고 있는 투자자들은 다소 규제가 덜한 토지 시장으로 눈을 돌리고 있다. 이처럼 땅에 대한 투자 가치는 무궁무진하다. 대한민국에 쓸모없는 땅은 단 한 평도 없다.

땅 투자를 준비하는 핵심 포인트

'지피지기면 백전백승'이란 말이 있다. 땅과 내 자금 상황, 투자 목적을 정확히 알고 시작한다면 100% 성공한다는 뜻으로 쓸 수도 있겠다. 우연히 좋은 투자 기회가 생겼다고 해서 막무가내로 달려드는 것은 금물이다. 투자를 결정하기에 앞서 정확한 물건인지 분석할 수 있는 판단력을 갖춰야 하며 확실한 물건이라면 언제든 투자를 진행할 수 있도록 준비가 되어 있어야 한다.

첫 번째, 땅에 대한 **안목**을 키워야 한다. 땅에 투자하여 실패하는 사람들을 보면 대부분 땅에 대한 어느 정도의 판단력도 갖추지 않은 채 주변인이나 부동산 업자의 말만 믿고 투자를 결정한다. 소중한 자금을 투입하면서 왜 확인도 하지 않고, 모르면서 배우려고 하지도 않는가? 이런 방식으로 투자하여 실패하고 손해를 봤대도 이미 돌이킬 수 없다. 그러므로 투자에 성공하려면 적어도 땅에 대한 서류를 분석할 수 있는 안목이 필요하다.

두 번째, 부동산의 **흐름**을 분석해야 한다. 토지는 당장 내 눈앞의 모습을 보고 판단하는 것이 아닌 향후 개발에 따른 미래가치를 판단하여 투자하는 것이다. 특히 땅은 정부정책이나 관련 규제 사항, 주변 환경이나 개발 호재 등에 대해 민감하게 반응하고 쓰임새에 따라 가치성이 달라지기 때문에 부동산 시장의 전반적인 흐름을 분석할 줄 알아야 보다 더 정확한 투자처를 선정할 수 있다.

세 번째, **지도**를 정확하게 볼 줄 알아야 한다. 땅 투자의 기본 중의 기본은 지도이다. 모든 개발계획을 한눈에 볼 수 있을뿐더러 개발계획, 도시계획, 신설되는 교통망 등을 확인해 미래 가치성 역시 정확히 파악할 수 있다. 대표적으로 국토종합계획과 각 지차체의 개발계획이 담겨있는 도시계획을 지도를 통해서 확인할 수 있다. 그러니 지도를 정확하게 볼 줄 안다면 정확한 투자처를 선정할 수 있고 주변 상황을 분석할 수 있는 안목도 생긴다. 또한, 내가 투자하려는 땅의 가치를 판단할 수 있는 근거가 되기 때문에 땅 투자에 관심을 갖고 있는 사람이라면 지도를 품고 살아야 성공적인 투자를 할 수 있다.

네 번째, 땅에 대한 **공부**는 필수이다. 단순히 물건을 사고파는 것이 아니라 내 재산과 직접적인 연관이 있는 일이기 때문이다. 투자를 할 때 어떤 서류를 확인해야 하는지, 어떤 방법으로 투자에 접근해야 하는지 기본적인 공부조차 하지 않는다면 아무리 좋은 투자 기회가 오더라도 이를 인지하지 못하고 놓쳐버리게 될 것이다. 땅은 단순히 눈앞에 보이는 것이 전부가 아니다. 관계법령, 이용규제, 정부정책, 주변 환경, 개발 호재, 경제상황 등 수많은 요인들이 얽혀있기 때문에 끊임없이 공부해야 한다.

다섯 번째, **임장 활동**을 많이 해봐야 한다. 과거에는 땅을 보기 위해서는 무조건 현장을 가야 했지만 현재는 인터넷을 통해 땅의 위치나 주변 상황을 어느 정도 확인할 수 있다. 하지만 투자를 결정하기 전에는 반드시 임장 활동을 해야 한다. 땅에 대한 전반적인 내용은 등기부 등본, 토지이용계획확인서, 지적도, 임야도 등을 통해 알 수 있지만 서류상에는 나타나지 않은 권리관계가 존재할 수 있다. 때문에 보다 더 정확하게 투자하기 위해서 임장 활동을 해야 한다. 임장 활동을 많이 하다 보면 땅을 구분할 수 있는 시야가 넓어지고 자신만의 투자 노하우도 생긴다.

여섯 번째, **자금계획**을 분명히 세워놓아야 한다. 좋은 투자처가 있다고 해서 앞뒤 재보지 않고 무작정 자금을 융통하는 것은 금물이다. 내가 움직일 수 있는 자금이 얼마인지, 얼마나 오랫동안 투자할 수 있는지, 혹여나 자금이 부족하여 대출을 진행하면 원금과 이자를 상환할 때 무리가 되지는 않는지 등에 대한 계획이 철저히 세워져 있어야 한다. 특히 땅에 투자할 때는 자금계획을 세우지 않고 무리하게 자금을 융통하여 감당할 수 없는 투자를 강행한다면 좋은 투자처를 선점했음에도 불구하고 오히려 손해를 볼 수 있다는 점을 유의하길 바란다.

일곱 번째, 땅의 중요한 투자 포인트는 **정보**와 **타이밍**이다. 과거 땅 투자는 개발에 대한 정보를 가진 정치권 인사들이나 특정 고위계층만이 소유할 수 있는 전유물과도 같았다. 하지만 지금은 시대가 변했다. 정보화 시대로 접어들면서 인터넷이 활성화되고 관심만 있다면 누구든지 부동산 정보를 손쉽게 얻을 수 있다. 국토교통부나 각 지방자치단체 등의 홈페이지를 통해서도 개발계획이나 정보를 확인할 수 있으며 정부24, 전자관보, UPIS, 미래철도DB, LURIS 등 각종 부동산 관련 홈페이지에서도 투자에 필요한 정보를 열람할 수 있다. 그러므로 지금부터라도 꾸준하게 부동산과 관련된 정보를 수집하고 꼼꼼히 검토한다면 이를 바탕으로 최적의 타이밍을 판단할 수 있을 것이다.

여덟 번째, 기회가 왔을 때 투자를 결정할 수 있는 **판단력**을 갖추고 있어야 한다. 아무리 좋은 물건일지라도 망설이다가 놓쳐 버리는 사람이라면 언젠가 똑같은 기회가 찾아와도 되풀이하고 말 것이다.

판단력이 부족한 사람은 평생에 땅 한 평도 살 수 없다. 기회는 누구에게나 평등하지만 매번 나를 반갑게 찾아와주지 않고 또 영원히 나만을 기다려주지도 않는다는 것을 명심하자.

땅 투자는 운이 좋아서 성공하고 운이 없어서 실패하는 것이 아니다. 남들보다 부지런히 공부하고 움직여서 결정적인 순간에 기회를 잡는 사람만이 성공한다.

기획부동산에 대한 모든 것

기획부동산이란 무엇인가?

대개 언론이나 주변 사람들에게 기획부동산이 뭐냐고 물어보면 이런 입장을 보인다.

'기획부동산에서 투자하면 무조건 잘못된다.'

'싸게 사서 비싸게 파는 사기 집단이다.'

'그들이 파는 건 개발도 안 되는 땅이다.'

왜 실패할 수밖에 없는지, 어떠한 체계로 구성되어 있는지 정확한 이유를 알려주기보다는 무조건 안 된다고만 얘기한다. 이렇다 보니 기획부동산에 대해 이해하지 못한 투자자들이 '가족이 다니는 회사인데 괜찮겠지?' 혹은 '이 회사는 서류를 정확하게 보여주니 사기는 아닌 것 같은데'라는 생각으로 투자를 시작하다 결국 실패하는 사례가 속출한다.

우리가 알고 있는 국가기업인 한국토지주택공사도 토지를 수용하거나 매입해서 개발사업을 통해 택지를 조성하고 큰 덩어리의 땅을 분할하여 건설사나 개인한테 분양하는 '기획'의 형태이다. 기획부동산이 본질적인 문제가 아니라 이를 악용하여 투자자들의 돈과 희망을 빼앗는 회사들이 많다는 것이 문제이다. 이렇게 악용하는 회사에 당하지 않기 위해서는 투자에 관심 있는 사람이라면 기획부동산에 대해서 정확하게 알아야 한다고 생각한다.

우선 기획부동산은 대부분 사장-임원(전무·상무·실장)-영업부장-직원(차장·과장) 체계로 구성되어 있다. 이러한 체계의 기획부동산은 우선 개발 호재가 많은 지역을 선정하고 인근의 개발계획이 잡혀있지 않거나 저렴한 땅을 매입하여 분할한다. 이렇게 분할한 땅을 소액으로 투자할 수 있는 기회라며 회사에 근무하는 직원이나 방문하는 고객에게 매입금액의 최소 3~5배를 높여서 분양한다. 이러한 수법으로 폭리를 취하고 잔금이 완료되면 판매수당을 분배한다. 수당을 분배하는 체계는 사장이 평당 10~20만 원, 나머지 임원이나 영업 직원들은 매매대금을 기준으로 영업 수당이 책정되어 있다. 임원들은 2~5%까지 직책에 따라 다르며 영업부장은 3%, 고객을 유치한 담당 직원(차장·과장)은 10%이다. 예를 들어 기획부동산에서 평당 30만 원에 1,000평(3억 원)을 매입하여 직원이나 고객에게 평당 100만 원에 투자하게 하면 3억에 매입한 땅을 10억에 팔게 된다. 순수익만 7억 원인 셈이다. 그리고 이런 방식으로 챙긴 부당한 수익을 분배한다.

기획부동산이 계속해서 생겨나는 이유는 쉽게 망할 수가 없는 시스템을 갖추고 있기 때문이다. 이런 회사에는 일하는 직원을 손쉽게 투자를 시킬 수 있는 최고의 고객으로 생각하기 때문에 돈을 미끼로 끊임없이 인원을 충원한 뒤 계약을 하지 않거나 고객이 없는 직원은 월급 지급 전에 강제 퇴사시키는 식으로 운영비를 절감한다. 또한 법인세와 양도세를 납부하지 않기 위해 1~2년에 한 번씩 폐업신고하고 새로운 법인 사업자를 만들어 영업을 이어간다.

이러한 기획부동산들이 줄어들기는커녕 오히려 경매법인까지 생기면서 호황을 누리는 이유에는 영업 직원들이 한몫한다. 뚜렷한 직장을 얻기 힘든 주부들에게 기획부동산은 오전 10시에 출근해 오후 4시에 퇴근하고, 몇 시간만 앉아있더라도 일당이 쏠쏠하고 월급도 나쁘지 않으니 그야말로 꿈의 직장이다. 다른 곳에서 몸살이 나도록 일하는 것과 앉아만 있어도 나오는 월급이 비슷하니 천국이나 다름

없지 않은가? 그러나 이것이 기획부동산의 노림수이다.

이러한 달콤한 유혹으로 직원들을 꾀어 회사가 판매하는 땅에 대해 교육하면서 투자를 권유한다. 이렇게 멈출 수 없는 악순환이 반복된다. 부동산을 배우기 위해, 혹은 돈을 벌기 위해 회사를 선택했던 직원들이 어느 순간 편하게 돈을 벌 수 있는 방식에 물들고 만다. 게다가 운이 좋아서 투자자가 생기기라도 한다면 한 달에 수백~수천만 원을 한 번에 벌 수 있기 때문에 잘못된 길임을 알면서도 기획부동산을 전전하게 된다.

호재가 많은 지역에 개발계획이 확정되고 행정고시가 떨어진 땅을 선점하면 향후 개발사업이 진행되면서 가치성이 달라져 땅값이 상승하는 것은 분명한 사실이다. 많은 투자자들이 기획부동산의 투자 유혹에 넘어가는 이유도 이런 부분을 교묘하게 악용하여 그럴듯한 말로 속이기 때문이다.

"산업단지가 들어오면 개발제한구역이 해제돼서 도시가 만들어질 겁니다."

"KTX 역이 들어서면 역세권 개발구역으로 지정되어 농림지가 상업지가 될 겁니다."

"지금 투자하면 2~3년 안에 땅값이 몇 배가 올라갑니다."

땅에 대한 지식이나 경험이 없는 사람이라면 이 말을 믿을 수밖에 없다.

기획부동산의 수법은 대개 이러하다. 아래의 A지역에 KTX 역이
들어온다고 가정하자.

| 그림-1[출처-카카오맵 스카이뷰]

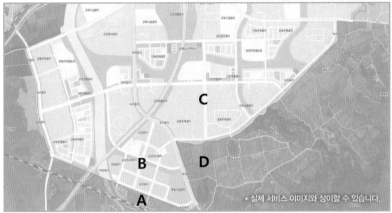

| 그림-2 [출처-카카오맵]

위의 **그림-1**만 보면 아무것도 없는 허허벌판으로 보이지만 그 **림-2**를 보면 A는 KTX 역이 들어오는 역사부지, B는 상업지역, C는 주거지역, D는 농림지역이다. 이런 경우에 기획부동산은 대부분 이런 설명을 한다.

"KTX 역이 들어오면 주변 지가가 몇 배가 올라가고 완공되면 인구가 밀집되어 상권이 활성화됩니다. 그래서 역에서 가까운 D는 상업지역으로 용도 변경됩니다."

"지금 투자하면 역이 완공된 후 몇 배의 수익을 볼 수 있습니다."

혹여나 고객들이 가격이 비싼 이유를 물으면 이렇게 대답한다.

"KTX 역이 공사 중이고 투자자들이 몰려서 주변에 땅이 없습니다. 기회가 있을 때 잡아보세요"

"C는 역에서 멀고 D가 더 가까운데 나중에 어디가 더 좋아지겠습니까?"

얼핏 들으면 그럴듯하다. 부동산 전문가들이 B나 C를 투자처로 지목하고 D는 농림지역이니 투자 가치성이 없다고 말해도 수긍하지 않는다. 일반 투자자들은 이러한 설명을 들으면 '먼 것보단 가까운 것이 더 좋겠지', '용도가 변경되면 땅의 가치가 더 높아지겠지'라고 생각할 수밖에 없다.

결국 이런 감언이설에 빠진 투자자는 기획부동산에서 추천한 D 지역에 투자하게 된다. '역이랑 가깝고 용도변경까지 된다고 하니 땅값이 비싼 것도 어느 정도 합리화가 되네! 역이 완공되고 개발이 진행되면 더 오르겠지'라고 생각하면서 말이다.

시간이 흘러 계획대로 KTX 역은 A에 들어선다. 역사가 신설되니 교통이 편리해져서 인구가 밀집되고 상권이 활성화되면서 도시개발 사업이 진행되는 것이다.

주변이 변하는 모습을 보니 기획부동산에서 한 말들이 점점 맞는 것 같다. '내가 투자한 땅도 곧 용도 변경이 되어서 개발되겠지?'

기대감에 찬 것도 잠시, 내가 투자한 땅만 피해서 개발이 진행된다. 뒤늦게 매물을 내놔도 사는 이는 나타나지 않고 시세는 내가 산 가격보다 턱없이 낮게 형성되어 있으며, 개발계획이나 용도가 변경되는 일 역시 없다. 팔 수도, 신축할 수도 없기 때문에 손실은 물론이고 자금까지 묶여버린 것이다.

| 그림-3 [출처-카카오맵 스카이뷰]

그림-3처럼 A 지역에 KTX 역이 들어오면서 미리 도시계획이 잡혀있던 B 상업지역과 C 주거지역은 계획대로 개발이 진행되었지만 D 지역만 개발되지 않았다. 그 이유는 농림지역으로 지정되어 있기

때문이다. 역에서 거리를 따질 것이 아니라 서류상에 나와 있는 용도를 정확하게 보고 투자해야 한다는 것을 반드시 기억해야 한다.

　만에 하나라도 D 지역이 개발되려면 개인이 임의대로 건축할 수 있는 것이 아니라 정부의 수용 절차를 거쳐서 개발이 진행된다. 수용 개발이 진행되면 표준지공시지가의 200~300% 보상을 받기 때문에 기획부동산에서 터무니없이 비싼 가격에 매입했다면 원금의 절반도 찾을 수 없다. 이처럼 기획부동산은 높은 폭리를 취하기 위해 싼 땅만을 찾다보니 대부분 개발을 할 수 없는 땅이거나 절대농지 또는 맹지뿐이다. 이러니 기획부동산에게 당하지 않으려면 당장 눈앞의 이익보다는 땅에 대한 기본지식을 공부하고 투자를 판단하는 안목을 키우는 것이 먼저이다.

TIP 수용이란?

특정한 공익사업을 위하여 법률이 정한 절차에 따라 국가나 지방자치단체 또는 공공단체가 강제적으로 토지의 소유권을 취득하는 것을 말한다.

기획부동산,
적극적으로 활용하라

투자지역에 관한 정보를 얻거나 개발 호재가 많은 지역을 알고 싶다면 기획부동산을 적극적으로 활용하라. 물론 이는 다른 전문가들이 들으면 손가락질할 소리이다.

처음부터 기획부동산이 나쁘기만 한 것은 아니었다. 지금처럼 악용하는 회사들이 생겨나기 전에는 기획부동산을 통하여 구입한 토지가 개발되면서 이득을 취한 투자자들도 많았다. 하지만 지금은 어떠한 경우라도 기획부동산을 통해 매입한 땅으로 이익을 볼 수 없다. 앞서 확인했듯이 아무리 좋은 땅을 취급하는 회사라 할지라도 판매 수당 시스템에는 변함이 없기 때문이다. 그러므로 이런 회사에서 아무리 좋은 땅을 권유할지라도 수익을 기대하기 어려우니 절대로 투자하지 않아야 한다.

내가 말하려는 것은 기획부동산을 찾아가 좋은 땅이 있으면 사라는 말이 아니다. 그들이 가진 투자 정보를 역으로 이용하라는 것이다.

앞에서 언급했다시피 **서류**만 제대로 분석할 줄 알면 기획부동산에 속아 넘어갈 일은 없다. 기획부동산의 공통적인 특징은 투자자들의 관심을 끌기 위해 개발 호재가 많은 지역의 땅을 선점한다는 점이다. 그 지역 안에 땅이 속해있다면 개발이 되지 않는 땅이라 할지라도 개발계획이나 개발 호재에 관련된 자료들을 준비한다. 다양한 자료들을 이용해야 이 땅에 투자해야 하는 이유를 그럴싸하게 포장하면 투자자들을 유혹할 수 있다. 이것을 역으로 이용해보자는 이야기이다.

평소에 부동산에 관심이 없던 사람들은 어떤 지역에 어떠한 이슈가 있는지, 이 지역에 개발 호재는 어떠한 것들이 있는지 정보를 얻기가 쉽지 않다. 그러니 땅 투자를 더욱 어렵게 느끼는 것이다. 때문에 땅을 분양하기 위해 기획부동산을 방문하면 그들이 준비해둔 그 지역의 꽤 괜찮은 정보를 얻을 수 있다. 이 때 주의할 점은 땅에 대한 기본 지식을 먼저 익히고 서류를 확인하여 땅의 가치성을 판단할 수 있을 정도에 이르러 이 방법을 이용해야 한다는 것이다. 아무런 준비도 되지 않은 채 무작정 정보를 얻으러 갔다가는 오히려 그들의 브리핑에 빠져들어 잘못된 선택을 할 수도 있다. 이러한 부분을 염두에 두고 기획부동산을 적절하게 활용한다면 평소에 관심을 갖지 못했던 지역이나 개발 호재도 자연스럽게 알게 되고 투자처를 고를 수 있는 안목도 키울 수 있을 것이다.

사람들도 주민등록번호를 통해 주민등록등본을 열람하면 신분이 확인되듯, 땅 역시 지번을 통해 토지이용계획확인서를 열람하면 신분을 확인할 수 있다.
기획부동산에서 말하는 '곧 이 농림지가 상업지로 바뀔 겁니다'는 '오늘부터 대한민국은 아시아가 아닌 유럽 소속입니다'라는 말과 다를 바가 없다. 터무니없는 말이니 속아 넘어가서는 안 된다!

PART 02

서류가 곧 답이다

인생을 바꿔줄
황금나침반, 국토종합계획

국토종합계획은 우리나라 전체 개발계획을 담고 있는 최상위 국가계획으로 지방자치단체의 도시기본계획이 수립된다. 국토개발의 가이드라인이라 할 수도 있는 이 체계를 파악하고 흐름을 이해한다면 투자의 방향을 잡을 수 있다. 이것은 우리에게 황금 나침반인 동시에 보물 지도인 것이다. 또한 우리나라의 모든 개발사업은 국토종합계획을 바탕으로 진행된다. 앞으로 신설되는 고속도로 및 철도, 공항, 항만, 산업단지, 신도시 역시 한눈에 볼 수 있기 때문에 반드시 확인해야 한다.

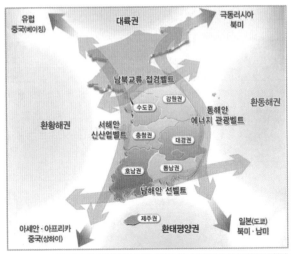

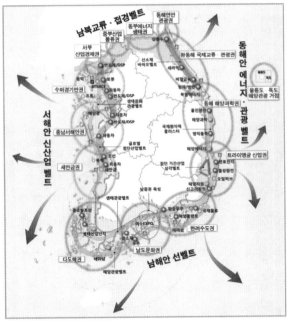

| 제4차 국토종합계획 수정계획(2011-2020) [출처-국토교통부]

국토종합계획 변천 [출처-국토교통부]	
차수별 (계획기간)	주요내용
1차 (1972~1981)	고도 경제성장을 위한 기반시설 조성을 목표로 수도권과 동남해안 공업벨트 중심의 거점개발을 추진
2차 (1982~1991)	인구분산의 지방정착과 생활환경 개선을 목표로 수도권 집중억제와 권역개발을 추진
3차 (1992~2001)	국민복지 향상과 환경보전을 목표로 서해안 산업지대와 지방도시 육성을 통한 지방분산형 국토개발 추진
4차 (2001~2020)	국토균형 발전, 동북아 중심국가 도약을 위한 연안축, 동서내륙축 구축 → 개방형통합국토 구축
4차 수정 (2006~2020)	약동하는 통합국토 실현을 위한 개방형 국토발전 축(π) 및 다핵연계형 국토구조(7+1) 제시
4차 수정 (2011~2020)	대한민국의 새로운 도약을 위한 글로벌 녹색 국토 실현 –> 개방형 국토축과 광역연계형 녹색 국토 추진

정부는 현재 제4차 국토종합계획을 진행하고 있다. 제4차 국토종합계획은 2000년부터 2020년까지 20년 간의 중장기 계획으로 수립되었으나 2005년에 새로운 국가발전전략 및 정책 기조 대두에 능동적으로 대응하기 위한 수정계획을 발표하여 2006년부터 2020년까지로 수정되었다. 이후 기후 변화에의 대응과 저탄소 녹색성장을 지향하며 다시 수정되어 현재 2011년부터 2020년까지 수정계획이 수립되어 있다. 과거 제1차~3차까지의 국토종합계획은 수도권 중심이었지만 제4차 국토종합계획은 국가균형 발전 위주로 수립하여 각 지

역의 균등발전을 도모한다.

　국토종합계획을 토대로 광역계획권의 장기적인 발전 방향을 제시하고 상호 연계함으로써 지역 간 균형 발전을 도모할 수 있는 광역도시계획을 수립한다. 이 계획 역시 20년 단위로 수립하며 각 지방자치단체의 장은 국토종합계획, 광역도시계획 등을 반영하여 도시기본계획을 수립한다. 그러므로 투자를 결정하기에 앞서 국토종합계획, 광역도시계획 및 도시기본계획 등을 검토하여 전 국토의 개발계획과 발전 방향, 예산편성 등의 큰 흐름을 파악해 볼 필요가 있다.

　현재 정부는 제5차 국토종합계획 수립 예정이다. 모든 개발사업은 최상위 계획인 국토종합계획의 테두리 안에서 이루어지는 것이므로 이 계획을 확인하는 것은 필수적이다. 제5차 국토종합계획에서 눈여겨봐야 할 점은 5+2 광역경제권 형성과 대한민국 전역을 반나절 생활권으로 만드는 고속철도(KTX·SRT), 수도권 외곽에서 서울 도심의 주요 거점을 연결하는 수도권 광역급행철도(GTX) 등 신설 역사 주변의 개발계획 및 도시계획이다. 이 부분을 염두에 두고 투자에 접근한다면 좋은 기회를 만들 수 있다.

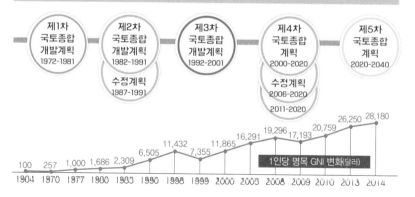

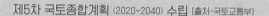

우리나라의 국토·도시계획체계는 국토 및 지역계획, 도시계획, 개별건축계획 등으로 나뉜다. 이 중 도시계획은 적용 대상의 범위와 성격에 따라 광역도시계획과 도시기본계획, 도시관리계획 등으로 구분된다. 광역도시계획은 인접한 둘 이상의 시·도를 광역계획권으로 지정하여 장기적인 발전 방향을 제시하는 계획이며 무질서한 도시 확산을 방지하고자 하는 목적이다. 또한 인접한 도시 간의 기능을 상호 연계하고 광역시설을 합리적으로 배치하여 효율성을 높이고 도시 간 지속가능한 발전을 도모한다.

도시기본계획은 상위계획인 국토종합계획과 광역도시계획 등을 수용하여 공간적인 측면뿐 아니라 환경, 사회, 경제적인 측면을 모두 포괄하여 장기적인 발전 방향을 제시한다. 이에 따라 수립되는 도시관리계획은 광역도시계획 및 도시기본계획에서 제시된 내용을 바탕으로 용도지역, 용도지구, 용도구역을 지정한다. 기반시설이나 도시개발사업 및 정비계획, 지구단위계획 등을 구체화하고 개발을 실현시키는 법적 구속력을 가지므로 반드시 확인해야 한다.

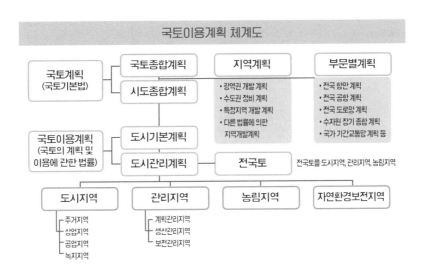

이처럼 우리나라의 국토개발사업 및 도시개발사업은 체계적으로 이루어지고 있다. 이런 계획들은 하루아침에 벌어지는 일이 아니라 최상위 국가계획인 국토종합계획을 바탕으로 하여, 하위계획까지 개발사업이 진행되는 것이다. 그러므로 투자를 결정하기에 앞서 국토종합계획을 바탕으로 지역마다 어떠한 개발계획이 반영되어 있는가를 확인해야 한다. 더불어 각 지방자치단체에서 수립한 시·군 도시계획을 함께 검토하여 땅을 선점한다면 리스크 없는 투자가 될 것이다.

땅 투자의 핵심, 토지이용계획확인서

앞서 말했듯이 대한민국 모든 땅의 신분은 단 한 평도 빠짐없이 미리 정해져 있다. 국토의 개발과 보전의 비율을 최적으로 분배하여 조화를 이루기 위함이다. 즉, 개발을 할 수 있는 땅과 없는 땅이 이미 정해져 있다는 것이다. 이 말은 투자를 해야 할 곳과 하지 말아야 할 곳이 정해져 있다는 의미이기도 하다. 각 지방자치단체에서 토지적 성평가를 통하여 땅의 쓰임새와 신분을 정한다. 일반적으로 도시가 만들어지기 위해서는 도시계획을 먼저 수립하고 계획에 따라서 개발이 진행되어야 무분별한 난개발을 방지할 수 있고 불필요한 예산낭비를 하지 않기 때문이다.

현재 우리나라 곳곳에서 많은 개발사업들이 진행되고 있다. 과거 제1차 국토종합계획(1972~1981)을 토대로 개발된 토지는 3%, 제2차·3차 국토종합계획이 완료된 시점에는 6%에 달했다. 현재 제4차 국토종합계획(2001-2020)은 9%를 목표로 하여 개발사업이 진행되고 있다. 그러므로 서류를 확인하여 땅의 신분을 확인하고 개발계획이 잡혀있는 땅에 투자하는 것이 바람직하다.

즉, 사야 할 땅과 사지 말아야 할 땅이 이미 정해져 있기 때문에 '토지이용계획확인서'라는 서류를 통해 투자 가치가 있는 땅을 구분할 수 있다는 것이다. 땅의 신분은 토지이용규제정보서비스를 통해 누구나 쉽게 열람할 수 있으며 지방자치단체별 최근 고시정보도 함께 확인할 수 있다.

| 토지이용규제정보서비스 홈페이지 (http://luris.molit.go.kr)

토지이용계획확인서란 말 그대로 앞으로 토지를 이용할 계획이라는 뜻이다. 토지이용계획확인서를 열람하면 해당 토지에 대한 도시관리계획으로 결정·고시된 내용이나 해당 토지의 소재지, 개별공시지가, 면적, 지목, 용도, 관계법령, 각종 규제 사항을 한눈에 확인할 수 있다. 개발 가능성을 판단할 수 있는 근거가 되기 때문에 현장답사를 진행하기 전에 반드시 검토해야 하는 중요한 서류이다.

또한 토지의 현재 상태와 앞으로의 활용 가능성을 파악할 수 있으며 해당 토지에 법이 허용하는 개발행위의 내용과 용도, 공법적 규제 사항을 확인할 수 있다. 토지이용계획확인서에 기재된 사항이 많다는 것은 그만큼 규제가 심하고 제한사항이 많아 땅을 이용하거나 개발하기가 까다롭다는 것을 의미한다. 공백으로 표시되어 있거나 해당 사항 없음으로 기재되어 있다면 해당 토지에 대한 관련 법률이나 이용규제가 덜하기 때문에 개발행위를 제한하지 않는다는 뜻이다. 이런 땅은 규제 사항이 없기 때문에 개발에 유리하고 투자 가치가 높다고 볼 수 있다.

토지이용계획확인서를 검토할 때 중점적으로 확인해야 할 부분은 첫 번째로 「국토의 계획 및 이용에 관한 법률」에 따른 지역·지구이다. 현재의 쓰임새를 표시하는 지목보다는 미래가치성을 판단할 수 있는 **용도**가 가장 중요하다. 앞으로 어떤 용도로 활용될 땅인지,

도시계획이 지정되어 있는지, 도시계획도로가 예정되어 있는지 등을 한눈에 확인할 수 있다. 두 번째로 확인해야 할 부분은 다른 법령에 따른 지역·지구이다. 이 부분에는 해당 토지에 관련된 법률이나 규제 사항 등이 명시되어 있기 때문에 앞으로 땅을 활용하는 데 제한되는 사항을 미리 확인해볼 수 있다.

예컨대 토지이용계획확인서에 '도시지역, 자연녹지지역'으로 용도가 지정되어 있는 땅을 매입하여 펜션이나 카페를 조성하려 하는 데 다른 법령에 '개발제한구역, 공익 용산지, 절대보전지역, 비오톱 1등급'이 지정되어 있다면 아무리 좋은 입지를 갖추고 있더라도 개발을 할 수 없다.

또한 확인도면(지적도)을 통해서 해당 토지의 경계, 땅의 모양을 확인할 수 있다. 지금은 비록 맹지일지라도 계획도로가 예정되어 있다면 개발사업이 진행됨에 따라 도로가 형성될 것이므로 투자가치는 물론 미레 기치성 역시 가지고 있는 땅이라고 할 수 있다.

매입 시 확인해야 할 부분도 이 서류에 명시되어 있다. 내가 투자하려는 해당 토지의 소재지가 맞는지, 면적이 정확한지, 현재 땅의 쓰임새는 어떠한지 검토하고 계약을 진행하면 된다.

이처럼 땅 투자를 하려거든 지금 보이는 모습으로 판단할 게 아니라 토지이용계획확인서를 볼 줄 알아야 한다. 이는 땅의 쓰임새와 가치를 정확하게 판단할 수 있게 해주기 때문에 투자의 실패 확률을 대폭 낮춰준다. 그만큼 중요한 서류이므로 땅의 모습보다 땅의 신분을 확인하는 습관을 가져야 한다.

| 토지이용계획확인서

토지이용계획확인서를 검토할 때는 소재지·면적·지목은 물론이고 지역·지구 등에 관한 법률·법령과 시행령도 반드시 확인해야 한다.

- **주거지역** – 거주의 생활환경 보호를 위하여 필요한 지역
  ① 전용주거지역 : 양호한 주거환경을 보호하는 데 필요한 지역
    - 제1종 전용주거지역은 '단독주택', 제2종 전용주거지역 '공동주택' 중심의 양호한 주거환경을 보호하는 데 필요한 지역
  ② 일반주거지역 : 편리한 주거환경을 조성하는 데 필요한 지역
    - 제1종 일반주거지역은 '저층주택', 제2종 일반주거지역은 '중층주택', 제3종 일반주거지역은 '중·고층' 중심으로 편리한 주거환경을 조성하는 데 필요한 지역
  ③ 준주거지역 : 주거기능을 위주로 이를 지원하는 일부 상업기능 및 업무기능을 보완하는 데 필요한 지역

- **상업지역** – 상업이나 그 밖의 업무의 편익을 증진하는 데 필요한 지역
  ① 중심상업지역 : 도심·부도심의 상업기능 및 업무기능의 확충을 위해 필요한 지역
  ② 일반상업지역 : 일반적인 상업기능 및 업무기능을 담당하게 하기 위해 필요한 지역
  ③ 근린상업지역 : 근린지역에서 일용품 및 서비스의 공급을 위해 필요한 지역
  ④ 유통상업지역 : 도시와 지역 간의 유통기능 증진을 위해 필요한 지역

- **공업지역** – 공업의 편익을 증진하는 데 필요한 지역
  ① 전용공업지역 : 주로 중화학공업, 공해성 공업 등을 수용하기 위해 필요한 지역
  ② 일반공업지역 : 환경을 저해하지 않는 공업의 배치를 위해 필요한 지역
  ③ 준공업지역 : 경공업이나 그 밖의 공업을 수용하되, 주거·상업기능 및 업무기능의 보완이 필요한 지역

- **관리지역** – 도시지역의 인구와 산업을 수용하기 위해 도시지역에 준하여 체계적으로 관리하거나 농림업의 진흥, 자연환경 또는 산림의 보전을 위한 지역
  ① 보전관리지역 : 자연환경·산림·수질오염방지·녹지공간확보·생태계 보전 등을 위하여 보전이 필요하나 주변 용도지역과의 관계를 고려할 때 자연환경보전지역으로 지정하여 관리하기가 곤란한 지역
  ② 생산관리지역 : 농업·임업·어업 등의 생산을 위하여 관리가 필요하나 주변 용도지역과의 관계를 고려할 때 농림지역으로 지정하여 관리하기가 곤란한 지역
  ③ 계획관리지역 : 도시지역으로의 편입이 예상되나 자연환경을 고려하여 제한적인 이용·개발을 하려는 지역으로서 계획적·체계적인 관리가 필요한 지역

- **녹지지역** – 자연환경 및 농지·산림보호와 도시의 무질서한 확산을 방지하기 위해 녹지의 보전이 필요한 지역
  ① 보전녹지지역 : 도시의 자연환경·경관·산림 및 녹지공간을 보전할 필요가 있는 지역
  ② 생산녹지지역 : 주로 농업적 생산을 위하여 개발을 유보할 필요가 있는 지역
  ③ 자연녹지지역 : 도시의 녹지공간의 확보, 도시 확산의 방지, 향후 도시용지의 공급 위해 보전할 필요가 있는 지역으로, 불가피한 경우에 한하여 제한적인 개발이 허용되는 지역

- **농림지역** – 도시지역에 속하지 않는 농업진흥지역 또는 보전산지로 농림업을 진흥시키고 산림을 보전하기 위하여 필요한 지역

- **자연환경 보전지역** – 자연환경·수자원·해안·생태계·상수원 및 문화재의 보전과 수산자원의 보호·육성을 위하여 필요한 지역

- **개발제한구역** – 도시의 무질서한 확산을 방지하고 도시 주변의 자연환경 보전을 위하여 혹은 보안상 도시의 개발을 제한할 필요가 있다고 인정되는 구역

- **농업진흥구역** – 농지조성사업 또는 농업기반정비사업이 시행된 지역으로서 농지가 집단화되어 농업 목적으로 토지를 이용할 필요가 있는 구역

- **자연취락지구** – 녹지지역·관리지역·농림지역·자연환경 보전지역 안의 취락을 정비하기 위하여 필요한 지구

- **가축사육 제한구역** – 지역주민의 생활환경보전 또는 상수원의 수질보전을 위하여 가축사육의 제한이 필요하다고 인정되는 구역

- **개발밀도 관리구역** – 개발로 인해 기반시설이 부족할 것으로 예상되나 기반시설을 설치하기 곤란한 지역을 대상으로 건폐율이나 용적률을 강화하여 적용하기 위한 구역

- **생태·경관보전지역** – 다양한 생물이 살고 있어 생태적으로 중요하거나 자연경관이 수려하여 특별히 보전할 가치가 큰 지역

- **배출시설설치 제한지역** – 지역의 배출시설로부터 배출되는 수질오염물질로 인하여 환경기준의 유지가 곤란하거나 주민의 건강·재산, 동·식

물의 생육에 중대한 위해를 가져올 우려가 있다고 인정되어 배출시설의 설치를 제한한 지역

- **토석채취 제한지역** – 공공의 이익증진을 위하여 보전이 필요한 산지에 대하여 토석의 채취를 제한한 지역

- **과밀억제권역** – 수도권 지역의 인구와 산업이 지나치게 집중되었거나 집중될 우려가 있어 이전하거나 정비할 필요가 있는 지역

- **성장관리권역** – 과밀억제권역으로부터 이전하는 인구와 산업을 계획적으로 유치하고 산업의 입지와 도시의 개발을 적정하게 관리할 필요가 있는 지역

- **자연보전권역** – 수질과 녹지 등 자연환경을 보전할 필요가 있는 지역

- **문화재보호구역** – 지상에 고정되어 있는 유형물이나 일정한 지역이 문화재로 지정된 경우에 지정문화재를 보호하기 위한 구역

- **소하천구역** – 일시적이 아닌 유수가 있거나 있을 것이 예상되는 구역

- **공익용 산지** – 임업생산과 함께 재해 방지, 수원 보호, 자연생태계 보전, 자연경관 보전, 국민보건휴양 증진 등의 공익 기능을 위하여 필요한 산지

- **준보전산지** – 보전산지 외의 산지를 말하며 특별한 경우를 제외하고는 산지전용에 대한 행위제한을 비교적 적게 받아 주택, 공장 등의 개

발 용도로 이용이 가능한 산지

- **특별대책지역** – 환경오염·환경훼손 또는 자연생태계의 변화 우려가 있는 지역과 환경기준을 자주 초과하는 지역의 환경보전을 위해 지정된 지역

지목에 따라
사용 가치가 달라진다

지목이란 토지를 주된 사용 목적으로 구분하여 표시하는 명칭이다. 1필 1목의 원칙에 따라 하나의 필지마다 하나의 지목이 설정되어 있고, 이는 토지의 특성과 가치를 나타낸다. 만약 1필지가 둘 이상의 용도로 활용되는 경우에는 주된 용도에 따라 지목을 설정해야 하며 영속적으로 사용되는 용도에 따라 정하는 것이 원칙이다. 지적도와 임야도에 등록할 때에는 부호로 표기하며 지적법에 따라 28종으로 구분되어 있다.

지목은 토지의 사용 현황을 파악할 수 있게 하는 것은 물론이고 어떤 목적으로 땅을 매입할 것인지 결정할 때 중요한 척도가 된다.

가격 역시 지목에 따라 달라지므로 매우 중요한 요소라 볼 수 있다.

일반적으로 규제 사항이 적은 대지나 공장용지 등의 지목은 가격이 비싸게 형성되며 전, 답, 임야와 같은 지목은 토지이용에 대한 규제 사항이 많기 때문에 상대적으로 저렴하다. 또한 지목은 해당 토지의 과세목적으로 활용되고 있어 토지를 매입할 때 반드시 토지이용계획확인서에 기재되어 있는 지목과 등기부 등본상의 지목이 일치하는 지를 확인해야 한다.

지목을 확인해야 하는 이유는 지목변경을 통해 해당 토지의 가치성을 바꿀 수 있기 때문이다. 지목변경은 관계법령에 의해 인허가받은 사업수행으로 형질이 변경되거나 건축물의 공사가 완료된 토지, 토지 또는 건축물의 용도가 변경되어 지목이 달라진 토지, 기타 토지 사용 목적이 변경된 토지 등에 대하여 가능하다. 예컨대 내가 소유하고 있는 땅이 도로에 접해있는 임야(농지)인데 개발을 통해 건축을 하려한다면 산지전용허가(농지전용허가)를 받아 형질을 변경하고 주택을 신축해 임야(전·답)에서 대지로 지목을 변경할 수 있다. 즉 형질변경이나 용도변경, 건축 등의 개발행위 없이는 지목을 변경할 수 없다. 그러므로 건축을 할 수 있는 땅을 매입해야만 가치를 바꿀 수 있다.

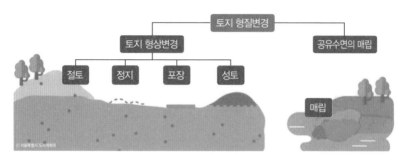

| 토지 형질변경[출처-서울시 도시계획포털]

    토지의 형질변경은 절토나 성토, 포장 등의 방법으로 해당 토지의 형상을 변경하는 행위이다. 형질을 변경하고자 한다면 개발행위 허가를 받아야 하지만 ① 건축신고로 설치할 수 있는 건축물을 개축·증축할 경우, ② 높이 50cm 이내 또는 깊이 50cm 이내를 절토·성토(포장 제외)할 경우, ③ 면적이 660㎡ 이하인 토지에 대한 지목변경을 수반하지 않는 경우, ④ 조성이 완료된 대지에서 건축물과 그 밖의 공작물의 설치를 위한 토지굴착을 할 경우, ⑤ 국가나 지자체가 공익상 필요에 의해 직접 사업을 시행하기 위한 토지의 형질변경은 예외이다.

TIP 토지형질변경의 규모는 용도지역별 면적 미만이어야 한다.

1. 주거지역·상업지역·자연녹지·생산녹지 : 1만㎡
2. 공업지역·관리지역·농림지역 : 3만㎡
3. 보전녹지·자연환경 보전지역 : 5천㎡

■ 산지관리법 시행규칙 [별지 제3호서식] <개정 2018. 11. 29.>

산지전용 [ ] 허가
[ ] 변경허가 신청서

(앞쪽)

※ [ ]에는 해당되는 곳에 √표를 하고, 색상이 어두운 란은 신청인이 적지 않습니다.

접수번호		접수일		처리일		처리기간 25일

신청인	성명			주민등록번호		
	주소			전화번호		
	해당 산지에 대한 권리관계					

산지 소유자	성명			생년월일		
	주소			전화번호		

전용대상 산지	소재지	지번	지목	면적(㎡)			
				계	임업용 산지	공익용 산지	준보전 산지

부산물 생산현황	벌채 수종 및 수량			굴취 수종 및 수량			토석		
	수종	본수	재적	수종	본수	재적	계	석재	토사
		본	㎥		본	㎥	㎥	㎥	㎥

전용목적		전용기간	

변경사항	변경 전	변경 후	사 유

「산지관리법」 제14조제1항, 같은 법 시행령 제15조제1항 및 같은 법 시행규칙 제10조제1항·제2항에 따라 위와 같이 산지전용 [ ]허가 [ ]변경허가를 신청합니다.

년 월 일

신청인 (서명 또는 인)

산림청장
시·도지사, 시장·군수·구청장 귀하
지방산림청장, 지방산림청국유림관리소장

• 첨부서류, 담당 공무원 확인사항, 수수료, 행정정보 공동이용 동의서: 뒤쪽 참조

처리절차

신청서	→	접수	→	현지 조사	→	대체산림자원조성비 및 추가복구비 산정	→	대체산림자원조성비 납부고지 및 추가복구비 예치 통지	→	대체산림자원조성비 납부 및 추가복구비 예치	→	허가증 작성	→	허가증 발급

신청인	담당부서	신청인	담당부서

| 산지전용허가 신청서

■ 농지법 시행규칙 [별지 제14호서식] <개정 2016.1.21.>

농지전용 [ ] 허가 [ ] 변경허가 신청서

※ 뒤쪽의 신청안내를 참고하시기 바라며, 색상이 어두운 란은 신청인이 작성하지 않습니다.

(앞쪽)

접수번호		접수일자		처리기간	시·군·구 10일 시·도 20일 농림축산식품부 30일
신청인	성명 (명칭)			주민등록번호 (법인등록번호)	
	주소				
	우편물수령지			(전화번호 :)	

전용하려는 농지	소재지						번지 외 필지
	구 분	계 (㎡)	답	전		농지개량시설부지
	농업진흥구역					
	농업보호구역					
	농업진흥지역 밖					
	계					

사업예정부지 총 면적(비농지 포함)	㎡(농업진흥지역) ㎡)
사업기간	착공예정일 : 년 월 일 준공예정일 : 년 월 일
전용목적	
농지보전 부담금 납부방법	[ ]일시납부 [ ]분할납부 ※ 해당란에 √ 표시

「농지법」 제34조제1항, 같은 법 시행령 제32조제1항 및 같은 법 시행규칙 제26조제1항에 따라 위와 같이 농지전용의 허가(변경허가)를 신청합니다.

년 월 일

신청인 서명 또는 인

농림축산식품부장관
시 · 도 지 사 귀하
시장·군수·자치구구청장

첨부서류	1. 전용목적, 사업시행자 및 시행기간, 시설물의 배치도, 소요자금 조달방안, 시설물관리·운영계획, 「대기환경보전법 시행령」 별표 1 및 「수질 및 수생태계 보전에 관한 법률 시행령」 별표 13에 따른 사업장 규모 등을 명시한 사업계획서 2. 전용하려는 농지의 소유권을 입증하는 서류(토지 등기사항증명서로 확인할 수 있는 경우만 해당합니다) 또는 사용승낙서·사용승낙의 뜻이 기재된 매매계약서등 사용권을 가지고 있음을 입증하는 서류 3. 전용예정구역이 표시된 지적도등본·임야도등본 및 지형도 4. 해당 농지의 전용이 농지개량시설 또는 도로의 폐지 및 변경이나 토사의 유출, 폐수의 배출 또는 악취의 발생 등을 수반하여 인근 농지의 농업경영과 농어촌생활환경의 유지에 피해가 예상되는 경우에는 대체시설의 설치 등 피해방지계획서 5. 변경내용을 증명할 수 있는 서류를 포함한 변경사유서(변경허가 신청의 경우만 해당합니다) 6. 농지보전부담금의 권리에 대한 양도양수를 증명할 수 있는 서류(전용허가자지의 명의가 변경되어 변경허가를 신청하는 경우에 해당합니다) 7. 농지보전부담금 분할납부신청서(분할납부를 신청하는 경우만 해당합니다)	수수료 「농지법 시행령」 제74조에 따름
담당공무원 확인사항	1. 해당 농지의 토지 등기사항증명서(신청인이 전용하려는 농지의 소유자인 경우만 해당합니다) 2. 지적도·임야도 및 지형도	

※ 농지전용에 따른 농지보전부담금을 납부하셔야 허가가 가능합니다.

210mm×297mm[백상지 80g/㎡]

│ 농지전용허가 신청서

농지보전부담금 및 면적별 농지전용 허가권한

농지보전부담금 산출방식은 **전용면적㎡ x (개별공시지가(원/㎡) x 30%)**이며 산출된 금액이 5만 원을 초과할 경우에는 상한선을 5만 원으로 정한다. 예를 들어 993㎡(약 300평)의 토지에 개별공시지가가 3만 원인 경우993㎡ x (30,000 x 30%) = 8,937,000원의 농지보전부담금을 납부해야 한다.

구분	시장·군수·구청장	시·도지사	농림축산식품부 장관
농업진흥지역 **안** 농지	3천㎡ 미만	3천㎡ 이상 ~ 3만㎡ 미만	3만㎡ 이상
농업진흥지역 **밖** 농지	3만㎡ 미만	3만㎡ 이상 ~ 20만㎡ 미만	20만㎡ 이상

지적법상의 28개 지목

부호	지목	정의 및 범위
전	전	물을 상시적으로 이용하지 않고 식물을 재배하는 토지
답	답	물을 상시적으로 이용하여 식물을 재배하는 토지
과	과수원	과수류를 집단적으로 재배하는 토지
목	목장용지	축산업, 낙농업, 가축 사육을 목적으로 하는 토지
임	임야	산림, 수림지, 죽림지, 암석지, 자갈땅, 황무지 등의 토지
대	대지	영구적 건축물이 있는 부지와 도시개발사업으로 택지조성이 된 토지
장	공장용지	제조업을 목적으로 하는 공장 시설물의 부지
공	공원	공중의 보건, 휴양 등에 이용하기 위한 시설을 갖춘 토지
학	학교용지	학교의 교사와 부속 시설물의 부지 및 체육장이 조성된 토지
도	도로	보행이나 차량운행의 형태를 갖추어 이용되는 토지
차	주차장	주차에 필요한 독립적인 시설을 갖춘 부지, 자동차 전용 건축물 및 이에 접속된 부속 시설물의 부지

주	주유소 용지	석유 및 석유제품, 액화석유가스 등의 판매를 위한 설비를 갖춘 부지
체	체육용지	체육활동의 시설과 형태를 갖춘 체육시설의 토지
창	창고용지	물건을 보관 또는 저장하기 위해 독립적으로 설치된 보관 시설물 부지와 이에 접속된 부속 시설물의 부지(물류창고)
수	수도용지	물을 정수 공급하기 위한 취수, 저수, 도수, 정수, 송수, 배수시설의 부지
철	철도용지	교통운수를 목적으로 하여 일정한 궤도의 설비와 형태를 갖춘 부지
종	종교용지	일반 공중의 종교의식을 목적으로 시설을 갖춘 토지
천	하천	자연의 유수가 있거나 있을 것으로 예상되는 토지
제	제방	조수, 자연유수, 모래 바람 등을 막기 위하여 설치된 둑의 부지
구	구거	용수 배수를 목적으로 하여 일정한 형태를 갖춘 인공적인 수로, 둑
유	유지	일정한 구역 내에 물이 고이거나 상시적으로 물을 저장하고 있는 부지
원	유원지	위락, 휴양 등의 시설물을 종합적으로 갖춘 토지
양	양어장	육상에 인공적으로 조성된 수산생물의 번식 또는 양식을 위한 시설물을 갖춘 부지와 이에 접속된 부속 시설물의 부지
사	사적지	문화재로 역사적인 유적 고적, 기념물 등을 보존할 목적으로 구획된 토지
묘	묘지	사람의 시체나 유골이 매장된 토지와 이에 접속된 부속 시설물의 부지
염	염전	바닷물을 끌어들여 소금을 채취하는 토지
광	광천지	온수, 약수, 석유류의 용출구와 그 유지에 사용되는 부지
잡	잡종지	다른 지목에 속하지 않은 토지

용도지역을 확인하여
땅의 가치성을 판단하라

    우리나라는 「국토의 계획 및 이용에 관한 법률」에 따라 토지의 이용 및 건축물의 용도, 건폐율, 용적률 등을 제한함으로써 토지를 경제적·효율적으로 이용하기 위하여 땅의 쓰임새를 **용도지역**으로 지정하여 관리하고 있다. 즉, 전국의 모든 땅을 개발이 되는 땅과 안 되는 땅으로 구분해 놓은 것이다. 따라서 투자하려는 땅의 개발 가능성과 투자 가치를 정확하게 판단하려면 용도지역을 반드시 확인해야 한다.

    「국토의 계획 및 이용에 관한 법률」에 따라 지정된 용도지역은 도시지역, 관리지역, 농림지역, 자연환경 보전지역 4종류로 구분된다.

이 중에서도 도시지역은 상업지역(중심·일반·근린·유통), 주거지역(1종 전용·1종 일반·2종 전용·2종 일반·3종 일반·준주거), 공업지역(전용·일반·준공업), 녹지지역(자연·생산·보전)으로 분류하고 관리지역은 계획관리지역, 생산관리지역, 보전관리지역으로 세분화하여 구분하고 있다.

「국토의 계획 및 이용에 관한 법률」에 따라 용적률과 건폐율은 관계법령과 시행령으로 나뉘어 있으며 법률→시행령→도시계획조례의 순으로 법률에서 상한선을 정한 뒤 각 지자체에서 도시계획조례에 따라 시행령이 정하는 범위 내에서의 용적률, 건폐율을 다시 정하고 있다. 용도지역이 중요한 이유는 건폐율과 용적률에 따라 해당 토지의 가치성이 결정되기 때문이다.

건폐율이란 대지면적에 대한 건축 면적 비율을 일컫는 것으로 바닥면적을 뜻하고, **용적률**이란 바닥 면적에 대한 총 건축 연면적 비율을 뜻하는 것이다. 건폐율과 용적률은 해당 토지의 이용 가치는 물론 땅값에도 엄청난 영향력을 미친다. 상업지역의 땅값이 주거지역보다 더 비싼 이유도 용적률·건폐율에 따른 토지의 개발 가치가 다르기 때문이다. 즉, 해당 토지에 건축을 할 수 있는 바닥 면적 건폐율과 수직제한 최대 건축연면적 용적률을 토대로 땅을 얼마나 활용할 수 있느냐에 따라 가격과 이용 가치성이 달라진다는 것이다.

땅에 투자하려거든 **지목**이 아닌 **용도**를 확인하는 습관을 가져야 한다고 강조했다. 특히 용도는 땅의 쓰임새와 미래가치성을 정확하게 파악할 수 있고 투자를 결정할 수 있는 근거가 된다.

두 개의 땅이 있다고 가정하자. 토지이용계획확인서를 열람해 보니 모두 지목이 '전'으로 명시되어 있는데 용도가 각각 '농림지역', '도시지역, 제1종 일반주거지역' 이라면 어느 땅을 선택하겠는가?

지목이 '전'이라고 해서 개발 가능성과 미래 가치성이 똑같은 땅은 아니다. 바로 이런 점이 정확한 땅을 구분할 수 있게 하는 포인트다. 당연한 줄 알면서도 정작 투자를 할 때는 서류를 검토하여 용도를 확인하기보다는 산인지 논인지, 눈에 보이는 지목을 먼저 따지고 있던 것이다. 수차례 강조하지만 땅에 투자할 경우에는 현재의 모습보다는 쓰임새와 미래 가치성을 정확하게 파악할 수 있는 **용도**가 중요하다는 사실을 명심하길 바란다.

용도지역의 건폐율과 용적률 지정기준

용도 지역	구분	세분			국토 계획법	건폐 율	용적 률
도시지역	주거지역 70%	전용 주거지역	1종 전용주거/양호	단독	700이하	50	100
			2종 전용주거/양호	공동		50	150
		일반 주거지역	1종 일반주거/편리	저층 (4층이하)		60	200
			2종 일반주거/편리	중층		60	250
			3종 일반주거/편리	중·고층		50	300
		준 주거지역	주거＋상업			70	500
	상업지역 90%	중심 상업지역	도심+부도심		900이하	90	1500
		일반 상업지역	일반적인 상업			80	1300
		유통 상업지역	유통기능 증진			80	1100
		근린 상업지역	근린 지역			70	900
	공업지역 70%	전용 공업지역	중화학공업, 공해성공업 수용		700이하	70	300
		일반 공업지역	환경저해 않는 공업			70	350
		준공업지역	경공업＋주거＋상업＋ 업무기능 보완			70	400
	녹지지역 20%	보전녹지	개발, 녹지공간보전		200이하	20	80
		생산녹지	생산위해 개발유보			20	100
		자연녹지	제한적인 개발가능 / 도 시녹지공간 확보 / 장래 도시용지 공급 / 불가피 한 경우에 한하여 제한 적인 개발 허용			20	100

관리지역	보전관리 20%	자연에 준하여 관리	20이하	20	80
	생산관리 20%	농림에 준하여 관리	20이하	20	80
	계획관리 40%	도시에 준하여 관리	40이하	40	100
농림지역		농림업의 진흥과 산림보전	20이하	20	80
자연환경 보전지역	보전산지 → 자연, 수자원, 해안, 생태계, 상수원, 문화재, 수산자연보호		20이하	20	80

용도지구와
용도구역을 함께 검토하라

용도지구란 토지의 이용 및 건축물의 용도, 건폐율, 용적률, 높이 등에 대한 용도지역의 제한을 강화 또는 완화하여 적용함으로써 용도지역의 기능을 증진시키고, 미관·경관·안전 등의 도모를 위해 도시·군 관리계획으로 결정하는 지역을 말한다. 「국토의 계획 및 이용에 관한 법률」에 의한 용도지구는 경관지구, 미관지구, 방화지구, 방재지구, 고도지구, 보존지구, 시설보호지구, 취락지구, 개발진흥지구, 특정용도 제한지구로 세분화 되며, 해당 지자체의 조례로 신설할 수 있다. 따라서 용도지역상 허용된 용도일지라도 용도지구에서 규제하는 용도의 건축물은 지을 수 없게 된다. 즉, 용도지구는 용도지역, 용도구역과 더불어 토지이용을 규제하고 관리하는 대표적인 법적 실행수단이다. 또한 용도지구는 용도지역 안에 추가로 지정될 수 있으며, 하나의 토지에 중복으로 설정될 수 있다. 만약 토지이용계획확인서에 용도지역과 용도지구가 함께 지정되어 있거나 용도지구가 중복으로 설정되어 있는 땅이라면 신중하게 검토해야 한다. 왜냐하면, 토지이용규제가 심하고 개발이 제한적이기 때문에 땅의 가치가 떨어질 수 있기 때문이다. 이 경우 해당 지자체의 도시계획조례 및 건축조례를 먼저 확인한 후 투자를 결정해야 한다.

용도지구의 세분화		
지구 구분		지정 목적
1. 경관지구	자연경관지구	자연경관의 보호 또는 도시의 자연풍치 유지
	수변경관지구	주요 수계의 수변 자연경관을 보호·유지
	시가지경관지구	주거지역의 양호한 환경조성과 시가지의 경관보호
2. 미관지구	중심지미관지구	토지이용도가 높은 지역의 미관을 유지·관리
	역사문화 미관지구	문화재와 보존가치가 큰 건축물 등의 미관을 유지·관리
	일반미관지구	중심미관 및 역사문화미관 이외의 곳의 미관을 유지
3. 고도지구	최고고도지구	도시환경과 경관보호, 과밀방지 위해 최고한도 정함
	최저고도지구	토지이용 고도화, 도시경관 보호 위해 최저한도 정함
4. 방화지구		화재위험 예방을 위해 필요한 지역의 건물구조를 규제
5. 방재지구	시가지방재지구	건축물·인구가 밀집된 지역의 시설 개선을 통한 재해 예방
	자연방재지구	해안면, 하천변, 급경사지 등 건축 제한을 통한 재해 예방
6. 보존지구	문화자원보존지구	문화재와 문화적으로 보존가치 큰 지역의 보호·보존
	중요시설보존지구	국방상 또는 안보상의 중요한 시설물의 보호와 보존
	생태계보존지구	동식물 서식처 등 생태적 보존가치 큰 지역의 보호·보존

7. 시설보호 지구	학교시설보호지구	학교의 교육환경을 보호·유지
	공용시설보호지구	공용시설을 보호하고 공공업무기능을 효율화
	항만시설보호지구	항만기능을 효율화하고 항만시설의 관리·운영
	공항시설보호지구	공항시설의 보호와 항공기의 안전운항
8. 취락지구	자연취락지구	녹지지역 등의 취락을 정비하기 위한 지구
	집단취락지구	개발제한구역 안의 취락을 정비하기 위한 지구
9. 개발진흥 지구	주거개발진흥지구	주거기능을 중심으로 개발·정비
	산업개발진흥지구	공업기능을 중심으로 개발·정비
	유통개발진흥지구	유통·물류기능을 중심으로 개발·정비
	관광·휴양개발 진흥지구	관광·휴양기능을 중심으로 개발·정비
	복합개발진흥지구	위의 2가지 이상의 기능을 중심으로 개발·정비
10. 특정 용도제한 지구		주거기능, 청소년 보호 등을 목적으로 특정 시설 입지를 제한
11. 위락지구		위락시설의 집단화로 다른 지역의 환경을 보호(시행령)
12. 리모델링 지구		노후 밀집지역에서 현재의 환경을 유지하면서 정비(시행령)

용도구역이란 특별한 관리를 위한 목적으로 용도지역이나 용도지구와는 무관하게 건축과 공작물 설치 등의 개발행위를 제한하는 것이다. 토지의 이용과 건축물의 용도, 건폐율, 용적률, 높이 등에 대한 용도지역 및 용도지구의 제한을 강화 또는 완화하여 따로 정함으로써 시가지의 무질서한 확산을 방지하고 계획적·단계적인 토지이용을 도모하며, 토지이용의 종합적인 조정과 관리를 위하여 도시·군관리계획으로 결정하는 지역을 말한다.

용도구역은 각각 개별법에 의해서 관리되고 있다. 「국토의 계획 및 이용에 관한 법률」에 따른 시가화 조정구역, 「수산자원관리법」에 따른 수산자원 보호구역, 「개발제한구역법」에 따른 개발제한구역, 「도시공원법」에 따른 도시자연공원구역 등으로 지정되어 있으며 용도구역 내에서의 행위 제한을 따로 규정하고 있다.

개발제한구역은 도시의 무질서한 난개발을 방지하고 도시 주변의 자연환경을 보전하여 건전한 생활환경을 확보하기 위하여 개발을 제한할 필요가 있는 지역에 지정한다. 개발제한구역으로 지정된 지역에서는 건축물의 건축 및 용도변경, 공작물의 설치, 토지의 형질변경, 토지의 분할, 물건을 쌓아놓는 행위 또는 도시계획사업을 할 수 없으며 허가를 받은 경우에만 개발행위·사업이 가능하게 된다.

그러나 개발제한구역에서 주민이 집단적으로 거주하는 취락을 지정 기준에 따라 집단취락지구로 지정할 수 있으며 이런 경우에는 취락주민의 생활환경 정비를 위해 지구단위계획의 수립을 통해 취락지구 정비사업을 시행할 수 있다.

개발제한구역으로 지정된 토지에 투자하는 사람들은 주변 토지보다 상대적으로 땅값이 저렴하니 일단 사두면 언젠가 개발제한구역이 해제되어 땅값이 오를 거란 기대를 걸곤 한다. 하지만 개발제한구역은 내 땅일지라도 마음대로 개발행위를 할 수 없기 때문에 쓸모없는 땅이 되어버리고 만다. 또한 개발이 해제될 가능성이 매우 희박하기 때문에 오랫동안 자금이 묶일 가능성이 높고 거래 역시 원만하게 이루어지지 않아 환금성이 매우 낮다. 그러니 개발제한구역이 해제되면 대박이 날 거란 생각으로 투자하지 않길 바란다.

시가화 조정구역은 도시지역과 그 주변지역의 무질서한 시가지 확산을 방지하고 계획적·단계적 개발을 도모하기 위하여 일정기간(5~20년)동안 시가화를 유보하는 목적으로 지정한다. 시가화 조정구역안에서의 도시계획사업은 국방상 또는 공익상 사업시행이 불가피한 경우, 관계 중앙행정기관장의 요청에 의하여 국토부 장관의 검토를 거쳐 시가화 조정구역의 지정목적 달성에 지장이 없다고 판단되는 경우에 한해서 시행할 수 있다. 이 구역은 개발제한구역과는 달리 단계적으로 도시를 개발할 목적으로 지정하는 것이므로 향후에는 도시화될 지역이다. 따라서 시가화 조정구역에 관심을 갖고 있는 투자자라면 반드시 여유자금으로 장기적인 관점에서 접근해야 한다.

도시자연공원구역은 도시의 자연환경 및 경관을 보호하고 시민에게 건전한 여가와 휴식공간을 제공하기 위하여 도시지역 내의 식생이 양호한 산지의 개발을 제한할 필요가 있는 경우 설정한다. 도시자연공원구역으로 지정된 지역은 각종 개발이 제한되므로 주민이 집단적으로 거주하는 지역을 취락지구로 지정하여 일부 개발을 허용하고 있다.

수산자원 보호구역은 수산자원을 보호하고 육성하기 위하여 공유수면이나 그에 인접한 토지에 대해 설정한다. 수산자원 보호구역 안에서 도시계획사업은 시가화 조정구역에서의 경우와 같이 국방상 또는 공익상 사업시행이 불가피한 경우, 관계 중앙행정기관장의 요청에 따라 해양수산부 장관의 검토를 거쳐 수산자원 보호구역의 지정목적 달성에 지장이 없다고 인정하는 사업에 한하여 시행할 수 있다. 이처럼 용도구역으로 지정된 토지는 대부분 개발행위 및 건축, 토지이용을 규제하는 것이 목적이므로 투자처로는 적합하지 않다.

지구단위계획구역이란?

지구단위계획구역이란 도시계획수립 대상 지역의 일부에 토지이용 합리화, 기능 증진, 미관 개선, 양호한 환경 확보 등 해당 지역을 체계적·계획적으로 관리하기 위하여 도시·군 관리계획으로 결정·고시한 구역을 말한다. 지구단위계획구역을 지정할 때는 당해구역 및 주변지역의 토지이용, 경관, 교통, 관련계획 등을 고려하여 지구단위계획으로 인해 의도하는 목적이 달성될 수 있는지 타당성을 검토하여 지정한다. 지구단위계획구역이 지정되면 3년 이내에 지구단위계획이 결정된다. 이 지역에 건물을 짓거나 용도를 변경하고자 하는 경우에는 지구단위계획에 적합한지 확인해야 한다.

지구단위계획구역은 과거의 무분별하고 불균형적인 개발의 문제점을 해결하기 위하여 일정 지역을 한 번에 개발하는 목적으로 지정하는 것이다. 기반시설의 배치와 규모, 건축물의 용도제한, 건폐율, 높이, 배치, 형태 등의 규제를 통해 주변 지역과의 관계와 조화를 고려하고 토지이용의 합리성을 높이며, 도시의 미관과 기능 및 환경 등을 효율적으로 유지하고 관리하기 위한 계획적인 규제라고 볼 수 있다. 또한 난개발 방지를 위해 개발 수요를 집단화하고 기반시설을 확보하기 위해 지정하는 것으로, 지구단위계획구역의 지정은 기존에 묶여있던 규제 사항이 풀리고 계획적인 개발은 물론 건폐율 및 용적률이 완화되어 적용되므로 해당 지역 땅의 가치가 상승하게 된다.

| 지구단위계획구역 [출처-서울시 도시계획포털]

제1종 지구단위계획구역은 도시지역 내 일정구역을 대상으로

토지이용을 구체화, 합리화하고 도시의 기능 및 미관을 증진시키기 위하여 도시기반시설 및 건축물 등을 정비하고 가로경관을 조성하기 위하여 수립한다. 제1종 지구단위계획 유형으로는 ① 도시기능이 상실·낙후되어 기존 시가지의 정비를 필요로 하는 지역(재개발·재건축) ② 도시의 형태와 기능을 현상태로 유지·정비하고자 기존 시가지의 보전이 필요한 지역(한옥마을) ③ 도시성장 및 발전에 따라 그 기능을 재정립할 필요가 있는 지역 ④ 기반시설을 재정비하거나 건축계획과의 연계가 필요하여 기존 시가지의 관리를 필요로 하는 지역(가로 정비사업) ⑤ 특정 기능을 강화하거나 기존 도시의 기능을 흡수·보완하는 신시가지 개발이 필요한 지역(신도시개발·택지개발) ⑥ 개발제한구역에서 해제되는 구역 ⑦ 시가화 조정구역 및 녹지지역에서 주거·상업·공업지역으로 편입되어 30만m^2 이상 개발되는 지역 ⑧ 체계화가 필요한 지역이 있다. 각 지역의 특성에 맞게 건축물의 건폐율, 용적률, 높이, 용도, 기반시설을 지정하고 향후 10년 내외의 기간 동안 나타날 여건 변화를 고려하여 수립한다. 따라서 이는 지구단위계획구역과 주변의 미래상을 상정하고 구체적으로 표현하는 계획이다.

제2종 지구단위계획구역은 비도시지역의 일정 구역을 대상으로 계획관리지역 또는 개발진흥지구에서의 난개발을 방지하고 체계적·계획적으로 개발 또는 관리하기 위하여 건폐율과 용적률을 완화하여 수립하는 계획이다. 도시지역에 부족한 주택용지나 공장용지, 기반시설을 충분히 설치함으로써 구역의 정비 및 기능을 재정립하고, 주변지역 및 시·군 전체의 기능과 미관을 개선하여 친환경적이고 지속가능형의 도시를 만들기 위함이다.

따라서 해당 지역의 중심기능을 수행할 수 있도록 주거·산업·유통·관광휴양·복합의 형태로 구분하여 수립된다. 공공주택 중 아파트 또는 연립주택의 건설계획이 포함되는 경우 토지의 면적이 $10m^2$ 이상, 총면적이 30만m^2 이상이어야 한다. 개발지구의 제2종 지구단위계획구역에는 아파트 및 연립주택이 허용되지 않는다. 주거·복합개발진흥지구(주거 기능 포함)는 계획관리지역, 산업·유통개발진흥지구(주거 기능 미포함)는 계획관리지역·생산관리지역, 관광·휴향개발진흥지구는 도시지역 외의 지역에 수립된다. 도로, 수도 공급시설, 하수도 등의 기반시설을 공급할 수 있으며 자연과 문화재를 훼손할 우려가 없는 지역에 지정한다.

지구단위계획이 수립되고 개발이 진행되면 체계적이고 균형적인 개발로 인하여 땅의 가치가 상승하므로 적극적으로 검토해볼 필요가 있다.

투기를 억제하는
토지거래허가구역

토지거래허가구역이란 개발계획이 지정된 토지에 투기 거래가 성행하거나 성행할 우려가 있는 지역, 지가가 급격히 상승하거나 상승할 우려가 있는 지역에 투기를 방지하기 위해 설정한다. 이때 법령에 의한 개발사업이 진행 중이거나 예정되어 있는 지역과 그 인근지역에 5년 이내의 기간을 정하여 토지거래 계약에 관한 허가구역으로 지정할 수 있다. 즉, 토지거래허가구역으로 지정되면 토지 용도별로 일정 규모 이상의 토지거래는 시장, 군수, 구청장의 허가를 받아야 한다.

| 토지거래허가구역 [출처-LURIS]

　도시지역 내의 **주거지역은 180㎡, 상업지역은 200㎡, 공업지역은 660㎡, 녹지지역은 100㎡**를 초과할 시에 토지거래 허가를 받아야 한다. 비도시지역 내의 **농지는 500㎡, 임야는 1000㎡, 이외의 토지는 250㎡**를 초과할 때에는 토지거래 허가를 받아야 한다. 토지거래허가구역의 허가 대상은 면적에 따라 정해지며, 기준 면적 이하는 허가 없이도 거래가 자유롭게 이루어지고 있다.

　토지거래허가구역은 투기를 막기 위한 정책 중의 하나로, 무작정 거래를 막는 것은 아니다. 거주민은 투기 목적이 아니라면 실수요 목적 여부를 판단하여 토지거래를 할 수 있다. 그러나 본래의 목적이 투기를 억제하기 위한 것 거래조건을 갖추더라도 투기 목적으로 의심

되는 경우에는 거래 자체를 불허하기도 한다. 다른 규제 사항들은 입지나 건축 규모 등 토지의 이용을 제한하는 것이 목적이지만 토지거래허가구역은 땅을 사고파는 매매(거래) 자체를 제한한다는 뜻이다.

토지거래허가구역이 지정된 토지에 대하여 매매계약이 체결된 경우 당사자들은 협력하여 공동으로 관할 관청의 허가를 신청할 의무가 생기고 허가를 받기 전의 매매계약은 '유동적 무효' 상태가 된다. 그러므로 토지거래허가구역 내에서 토지 매매를 진행할 때는 허가가 있을 것이라는 조건을 특약으로 하여 계약을 체결한다. 때문에 매도인은 매수인에게 대금이행을 청구하지 못하고, 매수인은 매도인에게 토지의 인도나 소유권 이전등기를 청구할 수 없으며, 계약내용에 따른 대금 지급의무도 없다. 반면 해약금 약정에 의한 계약해제는 민법상 당사자 일방이 이행에 착수하기 전에는 계약금의 배액을 상환하고 계약을 해제할 수 있다.

이처럼 토지거래허가구역은 탈세와 투기세력 방지를 위한 정책이므로 토지 매매를 하기 전 꼭 알아둘 필요가 있다.

법률행위의 효력이 현재로서는 발생하지 않으나 추후 관할 관청으로부터 허가를 받는 경우에 유효 될 수 있는 법적 상태를 의미한다. 즉, 토지거래허가구역 내 토지에 대하여 매매계약을 체결한 경우 허가를 받기 전에는 해당 토지에 대한 매매계약이 무효인 상태이며, 추후 관할 관청의 허가처분, 토지거래허가구역의 지정 해제 또는 지정기간 만료 후 재지정 되지 않는 경우에 소급적으로 유효하게 된다.

지적도와 임야도를 확인하라

땅에 투자할 때 토지이용계획확인서 이외에도 검토해봐야 하는 서류가 있다. 바로 **지적도**와 **임야도**이다. 지적도와 임야도는 토지에 관한 사실상의 현황을 토지대장과 임야대장에 표시해놓은 지적공부이다.

지적도는 지적법에 의해 토지의 정보와 경계 등의 사실관계를 공시하는 서류이며, 필지마다 각각의 지적도를 가지고 있다 토지를 세분화하여 필지별로 구분하고 토지에 관한 여러 가지 사항이나 소재, 지번, 지목, 경계, 축척, 위치, 형질, 소유 관계, 면적 등을 확인할 수 있는 도면이다. 토지의 모양, 도로 저촉 여부 뿐만 아니라 도시계획에 따른 계획도로 편입 여부도 살펴볼 수 있다.

지적도는 용도지역과 공시지가, 개발계획, 주변의 개발현황 등을 확인할 수 있기 때문에 땅에 투자하려면 반드시 확인해야 하는 서류이다. 내가 소유하는 땅의 모양과 인근 토지와의 경계, 지적도상의 도로가 접해 있는지 등을 확인할 수 있으며, 지목을 통해서도 현재 토지의 쓰임새가 어떠한지 알 수 있다. 예컨대 지목이 '대'로 되어 있다면 토지 위에 건축물이 있거나 택지로 조성된 것이고 '전'이나 '답'은 농지로 사용된다. 이처럼 지적도를 통해 현재 땅의 쓰임새와 어떤 용도로 사용되고 있는지 미리 파악할 수 있다.

지적도에서 확인해야 할 제일 중요한 사항은 '내가 투자하려는 땅에 도로가 접해 있는가'이다. 도로가 없는 땅을 **맹지**라고 하는데, 맹지는 다른 토지에 둘러싸여 어느 쪽으로도 도로와 연결되지 않아 토지를 이용하거나 개발할 수 없을뿐더러 건축 허가도 나지 않는다. 따라서 맹지를 샀다간 낭패를 보곤 한다. 그러므로 지적도에서 도로와 접해있는 땅인지 확인해야 하며 접해 있지 않다면 도시계획도로 편입 여부를 살펴봐야 한다.

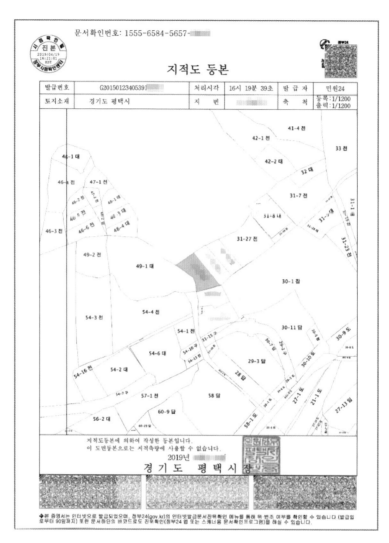

| 지적도 등본

임야도란 지적법에 의한 지적공부 중 하나로 임야대장에 등재된

임야의 도면을 말한다. 임야도는 지적도와 분리하여 별도로 작성, 관리하고 있는데 그 이유는 임야는 대체적으로 면적이 넓기 때문에 높은 축척을 적용해야 전체 상황을 한눈에 확인할 수 있기 때문이다. 지적도에는 임야의 표시가 따로 명시되어 있지 않아 경계를 확인할 수 없고 임야도에서는 일반 토지의 표시가 명시되지 않아 지적도와 임야도를 함께 확인해야 한다.

지적도에서 사용하는 축척은 1/500, 1/600, 1/1,000, 1/1,200, 1/2,400, 1/3,000, 1/6,000 총 7가지이며 일반적으로 1/1,200 축척을 사용하고 있다. 임야도에서 사용하는 축척은 1/3,000, 1/6,000 총 2가지이며 대부분 1/6,000 축척을 적용하고 있다. 임야도를 검토할 때 토지의 면적과 생김새도 중요하지만 실질적인 지형이나 경사를 중점으로 확인해야 한다. 지표 상태에 따라 토지이용이 제한되는 경우가 많기 때문이다. 이렇듯 임야도만 검토해서는 토지의 현황을 판단하기 어려우므로 임장 활동을 통해 꼼꼼히 확인해야 한다.

땅은 일반 건축물과는 달리 쓰임새와 도로현황, 주변 토지와의 경계, 지형, 경사, 주변 환경, 입지, 접근성 등 고려해야 할 부분이 많으니 투자하기 전에 꼭 서류를 확인하길 바란다. 또한 임장 활동을 통해 서류와 일치하는지 면밀히 검토해야 비로소 토지의 진정한 가치를 판단할 수 있다.

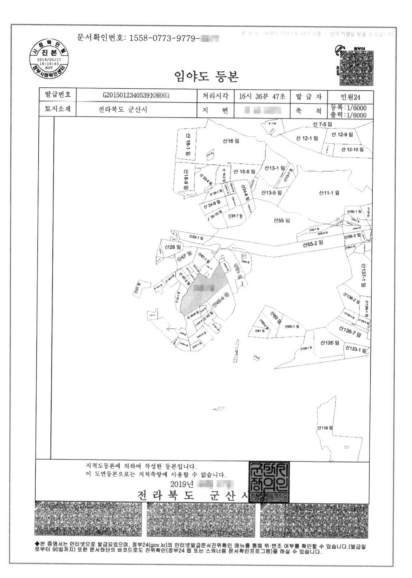

임야도 등본

발급번호	G2015012340539		처리시각	16시 36분 47초	발급자	민원24
토지소재	전라북도 군산시		지번		축척	등록: 1/6000 출력: 1/6000

지적도등본에 의하여 작성한 등본입니다.
이 도면등본으로는 지적측량에 사용할 수 없습니다.

2019년

전 라 북 도 군 산 시

| 임야도 등본

| 정부24(민원24) 홈페이지

대한민국 정부 민원포털사이트 정부24(민원24) www.gov.kr를 통해 지적도와 임야도를 무료로 열람하고 발급받을 수 있다.

등기부 등본으로
권리관계를 파악하라

등기부 등본은 해당 부동산의 소유권과 권리관계를 파악할 수 있는 중요한 문서이다.

부동산은 현장에서 눈으로 확인한다고 해서 누가 소유하고 있는지, 어떤 권리관계가 얽혀있는지 알기가 쉽지 않다. 하지만 등기부 등본을 열람하면 해당 부동산의 지번, 지목, 구조, 면적 등의 표시사항과 소유권, 지상권, 저당권, 전세권, 가압류 등의 권리관계를 확인할 수 있다. 부동산 거래계약을 체결할 경우 등기부상의 명의자와 실제 계약자가 달라 피해를 보는 경우가 종종 발생하므로 반드시 등기부 등본을 열람하여 소유권에 대한 이해관계를 확인해야 한다. 만약 이런 부분을 확인하지 않은 상태로 계약을 체결한다면 소유권 이전 등기가 정상적으로 이루어지지 않거나 다른 권리관계로 인하여 땅을 활용하지 못하는 경우가 발생할 수 있다. 때문에 실소유자와 법적 권리관계, 소유권의 변동 및 이력사항을 꼼꼼히 확인해봐야 한다.

등기부 등본을 열람하면 해당 부동산에 대한 세부적인 사실관계가 표제부, 갑구, 을구로 나뉘어 명시되어 있다. 표제부에는 해당 부동산과 그 변경에 관한 사항인 토지의 주소, 면적, 지목이 표시되어 있으며, 갑구에는 소유권에 관한 변동 및 변경사항, 압류, 가압류, 경매신청, 가등기, 가처분, 환매등기, 예고등기 등 일체의 내용이 기재된다.

이 서류에는 최초로 소유권을 취득한 보존등기부터 경매가 진행 중인 물건인지, 가압류 등이 설정되어 있는지, 소유권 이전에 관련된 모든 정보가 접수·변경된 순서에 따라 차례대로 기록되어 있다.

등기부 등본을 검토할 때 경매·가압류와 가처분에 관한 내용이 기재되어 있다면 소유권 이전에 관한 분쟁이 발생할 수 있다. 그러므로 경매개시결정에 관한 사항이 기재되어 있거나 가처분 소송이 진행 중인 부동산은 피하는 것이 바람직하다. 따라서 갑구에 기재되어 있는 권리관계를 반드시 확인하고 계약하려는 부동산의 소유자가 일치하는지 면밀히 검토해야 한다.

을구에는 소유권 이외의 권리인 지상권, 지역권, 전세권, 저당권, 임차권에 관한 변동 사항이 명시되며 일반적으로 대출이나 담보 등의 권리관계를 확인할 수 있다. 을구에 근저당이 설정되어 있는 부동산은 자금을 융통하면서 해당 부동산을 담보로 제공한 경우이며, 근저당으로 명시되어 있는 금액은 채권자의 지연이자까지 감안하여 실제 채무액보다 20~30% 정도 가산된 채권 최고액이다.

그러므로 근저당이 설정된 부동산을 매매할 경우에는 실제 채무액을 잔금과 동시에 상환하면서 소유권을 이전하거나 매매금액에서 채무액을 공제한 대금을 지급하는 것이 일반적이며, 법무사를 통하여 안전하게 소유권 이전 등기를 진행하는 것이 현명하다.

등기부 등본은 대법원 인터넷등기소 www.iros.go.kr에서 열람할 수 있다.

| 대법원 인터넷등기소 홈페이지

 근저당권

근저당권이란 계속적인 거래 관계에서 생기는 불특정 다수의 채권을 담보하기 위하여 일정한 금액을 한도로 저당권을 미리 설정하는 행위이다. 추후 발생할 채무 불이행에 대비하기 위하여 미리 특정 부동산을 담보로 설정하고 그 담보물에 대하여 다른 채권자들보다 우선해서 변제받을 것을 목적으로 한다.

지적공부 4대장이란 무엇인가?

지적공부란 토지대장, 임야대장, 공유지연명부, 대지권 등록부, 지적도, 임야도, 경계점좌표등록부 등의 지적측량을 통해 조사된 토지의 표시와 해당 토지의 소유자 등을 기록한 대장 및 도면이다. 지적공부 중에서 토지대장, 임야대장, 공유지연명부, 대지권 등록부는 문자 형식으로 작성된 대장이며 앞서 확인한 지적도, 임야도는 그림 형식으로 작성된 도면이다.

특히 토지대장과 임야대장은 토지의 현황을 정확하게 확인할 수 있다. 토지에 관련된 기본적인 사항은 물론 소개, 지분현황, 취득 연월일, 취득 원인, 취득가액 등을 기록할 수 있는 공공문서이며 토지의 소재지, 지번, 지목 면적, 소유주 등을 확인할 수 있다. 등기부 등본에서 토지에 관한 기본적인 권리관계를 확인할 수 있다면 토지대장과 임야대장에서는 토지에 관한 상황이 명확하게 기재되어 있다.

| 토지대장

— TIP — **토지의 고유번호란?**

각 필지를 구분하기 위하여 필지마다 붙이는 번호이다. 토지에 특정성을 부여하고 소재지 파악 및 토지의 분류, 지적업무의 전산처리 등을 용이하게 한다. 총 19자리의 숫자로 구성되어 있으며 토지대장, 임야대장을 발급하면 고유번호를 확인할 수 있다.

고유번호	41	220	256	21	1	☆☆	★★
소구분	시·도	시·군·구	읍·면·동	리	1: 토지대장 2: 임야대장 3: 겨제점좌표등록부	본번	부번
대구분	행정구역표시				지적공부표시	지번표시	

토지를 매매할 때 면적이나 지목이 등기부 등본과 다른 경우가 종종 발생할 수 있어 토지대장과 임야대장에서 지목과 면적이 일치하는지 살펴봐야 한다. 또한 토지대장이나 임야대장에 등록하는 토지에 관하여 해당 토지가 한 사람의 소유가 아니라 공동 소유인 경우에는 '공유지연명부'가 첨부되므로 이 역시 확인해볼 필요가 있다.

공유지연명부란 토지대장과 임야대장에 등록된 토지 하나에 2명 이상의 소유자가 있는 경우 소유권에 관한 사항을 효율적·체계적으로 관리하기 위하여 대장 이외에 따로 작성하는 장부이다. 이 문서에는 소재, 지번, 소유권 지분 비율, 소유자의 성명, 주소 및 주민등록번호, 토지의 고유번호, 필지별 공유지연명부의 장 번호, 토지 소유자가 변경된 날과 그 원인이 기재되는 대장을 말한다.

대지권 등록부는 구분 소유자가 전유부분을 소유하기 위해 건축물이 있는 부지에 갖는 권리인 대지권을 기록한 문서이다. 즉, 대지권 등록부는 집합건물의 전유부분에 대해 점유의 권원이 되는 토지의 지분이 기재된 토지대장이며, 부동산등기법에 의해 대지권등기에는 토지의 소재, 지번, 대지권 비율, 소유자의 성명, 주소 및 주민등록번호, 토지의 고유번호, 전유부분의 건물 표시, 건물명칭, 집합건물별 대지권 등록부의 장 번호, 토지 소유자가 변경된 날과 그 원인, 소유권 지분 등이 기록된다.

이처럼 땅에는 많은 권리관계와 사실관계가 얽혀있고 이를 확인할 수 있는 수많은 서류가 있다. 반대로 생각해보면 그만큼 땅을 정확하게 분석하여 투자할 수 있다는 얘기다. 땅은 막무가내로 자금을 투입하여 요행을 바라는 투자하는 대상이 아니다. 사람의 신분을 확인할 수 있는 주민등록등본처럼 땅도 다양한 관련 서류를 갖추고 있다. 그러므로 땅에 투자를 하려거든 관련된 서류를 먼저 검토하고 투자를 결정하는 것이 좋다.

농지 투자와 산지 투자, 유의할 점은?

일반적으로 높은 수익을 기대하고 땅 투자를 시작하는 사람이라면 개발 호재가 많은 지역에 투자매물을 선정하고 싶겠지만 혼자 힘으로 정확한 매물을 찾기란 쉽지 않다. 그러다 보니 주변 사람이나 공인중개사, 또는 부동산 업자들이 소개하는 땅에 투자하게 된다. 이들이 소개해준 땅의 토지이용계획확인서를 검토해보면 대부분 농지나 임야이다. 우리나라의 특성상 다른 용도지역에 비해 농지와 산지의 비율이 높기 때문이다. 토지이용계획서를 열람하면 산지의 지목은 '임', 농지의 지목은 '전, 답, 과수원'으로 기재되어 있으며, '전, 답, 과수원'이 아니더라도 3년 이상 농작물을 경작한 땅이라면 지목에 상관없이 농지로 본다.

농지는 도시지역에도 있다. 토지이용계획확인서를 열람하면 농림지역 중에서도 농업진흥구역, 농업보호구역이 있는데 이는 농업을 보호하고 육성하기 위하여 토지를 이용함에 있어 엄격한 규제가 적용되는 구역이다. 특히나 농업진흥·보호구역은 농가를 짓거나 농업시설을 설치하는 것조차 허가 절차가 까다로우며 개발 행위의 제한이 많기 때문에 투자 가치가 낮다. 그러므로 농림지역에 투자를 할 때는 사용 목적을 명확히 하고 신중하게 접근할 필요가 있다.

우리나라 국토의 약 65% 정도는 산지로 이루어져 있다. 이로 인해 투자 시 산지에 관련된 각종 규제 사항 때문에 개발이 어려운 경우가 종종 발생한다. 산지에는 상수원보호구역, 백두대간핵심지역, 수자원보호구역, 군사시설보호법, 문화재보호구역, 산림유전자원 보호, 자연공원법, 전통사찰보존구역, 생태보호구역 등 많은 규제가 있다. 때문에 토지이용계획확인서와 임야도를 통해 땅의 쓰임새와 규제 사항을 반드시 확인해야 한다.

산림청은 산지를 합리적으로 보전하고 이용하기 위해서 산지관리법에 따라 전국의 산지를 보전산지와 준보전산지로 구분하고 있다. 보전산지는 다시 임업용 산지와 공익용 산지로 구분되는데, 공익용 산지는 임업생산과 더불어 재해 방지나 생태계 보전, 자연경관 보전 등의 공익을 위해서 필요한 산지이기 때문에 개발행위 자체가 거의 없을뿐더러 활용 가치 역시 매우 낮다. 임업용 산지는 임업과 농업생산 기능을 증진하기 위해서 필요한 산지이며 농림지역의 규제와 임업용 산지의 규제를 동시에 받을 수 있기 때문에 이용 가치성이 매우 낮다. 또한 농·임업에 관련된 시설물 이외의 개발이나 토지이용의 규제도 심하다

그러니 보전산지는 투자 가치가 거의 없다고 볼 수 있다. 다른 산지에 비해 저렴하다고 해서 무작정 투자하면 큰 손해를 보는 경우가 생길 수 있으니 신중해야 한다.

반면 준보전산지는 제한적이기는 하지만 특별히 행위 제한이 따로 지정되어 있지 않다면 산지전용허가를 받아 공장이나 전원주택단지 등으로 개발할 수 있다. 이런 이유로 일반적인 산지 투자는 준보전산지를 대상으로 한다. 대지로 조성된 토지보다 상대적으로 저렴하여 투자에 적합할뿐더러 직접 개발을 통해 높은 수익을 기대할 수 있기 때문이다. 그러므로 산지라고 할지라도 토지의 활용이나 개발 가치성이 상이하므로 산지투자를 고려한다면 보전산지는 배제하고 준보전산지를 검토하는 것이 좋다.

위와 같이 땅에는 수많은 법률과 각종 규제 사항, 권리관계가 얽

혀 있기 때문에 땅 투자를 어려운 일로 인식하곤 한다. 그러나 땅 투자로 높은 수익을 기대할 수 있다는 것은 익히 알고 있으므로 욕심껏 인터넷이나 중개사무소를 통해 정보를 얻어 투자를 시도했다가 소중한 자산을 잃는 경우도 많다.

그러나, 반대로 생각해보면 어떨까? 수많은 법률과 각종 규제 사항이 얽혀있고 검토해야 할 서류가 많다는 것은 답이 다 나와있으니 그 내용만 잘 알면 실패할 일이 없다는 얘기다.

나 역시 처음 땅에 투자를 하려고 마음먹었을 당시에는 땅에 대해서 아무것도 모르지만 단지 돈을 벌고 싶었다. 투자를 위해서 확인해야 할 서류에 무엇이 있는지 몰랐고 막막함에 포기하려 했던 적도 많았다. 투자 한 번 해보자고 이렇게나 많은 서류와 각종 법률과 규제 사항을 공부하는 것이 시간 낭비라고 생각했기 때문이다.

누구나 비슷한 생각을 한다. 조금 더 편하게, 조금 더 빨리 내가 원하는 무언가를 이루고 싶을 것이다. 하지만 노력 없이는 절대로 이룰 수 없다. 어떻게 태어나자마자 뛸 수 있겠는가? 처음부터 잘 되는 것은 없으니 되레 겁먹지 말고 차근차근 공부해보기를 권유한다.

농지는 농업인 자격을 갖춘 사람만이 소유하고 사용할 수 있는 것이 원칙이다. 이를 간과하고 매매나 경매를 통해 매입할지라도 농업인으로 인정받지 못하면 소유권이전등기가 불가하기 때문에 농지를 취득할 수 없다. 이 경우 「농지법 시행령」 제3조에서 규정하는 조건에 하나라도 해당하면 농지취득자격증명서를 발급받아 농업인으로 인정받을 수 있다. 다만 1,000㎡ 이상을 취득할 경우에는 농업경영계획서를 첨부해야 한다.

① 1,000㎡ 이상의 농지에서 농작물 또는 다년생식물을 경작 또는 재배하는 자
② 1년 중 90일 이상 농업에 종사하는 자
③ 농지에 330㎡ 이상의 고정식 온실·버섯재배사·비닐하우스 등 농업생산에 필요한 시설을 설치하여 농작물 또는 다년생식물을 경작 또는 재배하는 자
④ 대가축 2두·중가축 10두·소가축 100두·가금 1천수·꿀벌 10군 이상을 사육하거나 1년 중 120일 이상 축산업에 종사하는 자
⑤ 농업경영을 통한 농산물의 연간 판매액이 120만 원 이상인 자

예외적으로 농업인이 되고자 하는 도시민도 가족체험영농과 주말농장을 농지로 취득할 수 있다. 이 경우 농지소재지를 관할하는 시·군·읍면장에게 농지취득자격증명서를 발급받아야 하며, 기존에 소유하고 있는 농지가 있다면 새로 취득한 농지의 세대별 합산면적이 총 1,000㎡ 미만이어야 한다. 주말농장용으로 취득한 농지는 휴경이나 임대, 위탁 등이 제한되고 연간 30일 이상 경작해야 한다. 이를 위반하는 경우 강제처분 대상이 되거나 이행강제금이 부과될 수 있다는 점을 유의하자.

농지취득자격증명신청서

※ 뒤쪽의 신청안내를 참고하시기 바라며, 색상이 어두운 란은 신청인이 작성하지 않습니다.

(앞쪽)

접수번호	접수일자	처리기간	4일 (농업경영계획서를 작성하지 않는 경우에는 2일)

농 지 취득자 (신청인)	①성 명 (명 칭)	②주민등록번호 (법인등록번호)	⑤취득자의 구분			
	③주 소		농업인	신규 영농	주말· 체험영농	법인 등
	④전화번호					

취 득 농지의 표 시	⑥소 재 지						⑩농지구분		
	시·군	구·읍· 면	리·동	⑦지번	⑧지목	⑨면적(㎡)	농업진흥지역 진흥구역 보호구역	진흥지역 밖	영농여건 불리농지

⑪취득원인

⑫취득목적	농업경영	주말· 체험영농	농지전용	시험·연구 ·실습지용 등

「농지법」 제8조제2항, 같은 법 시행령 제7조제1항 및 같은 법 시행규칙 제7조제1항제2호에 따라
위와 같이 농지취득자격증명의 발급을 신청합니다.

년 월 일

농지취득자(신청인)　　　　　　　　　　　(서명 또는 인)

00 시장 귀하

첨부서류	1. 별지 제2호서식의 농지취득인정서(법 제6조제2항제2호에 해당하는 경우만 해당합니다) 2. 별지 제4호서식의 농업경영계획서(농지를 농업경영 목적으로 취득하는 경우만 해당합니다) 3. 농지임대차계약서 또는 농지사용대차계약서(농업경영을 하지 않는 자가 취득하려는 농지의 　면적이 영 제7조제2항제5호 각 목의 어느 하나에 해당하지 않는 경우만 해당합니다) 4. 농지전용허가(다른 법률에 따라 농지전용허가가 의제되는 인가 또는 승인 등을 포함합니다)를 　받거나 농지전용신고를 한 사실을 입증하는 서류(농지를 전용목적으로 취득하는 경우만 　해당합니다)	수수료: 「농지법 시행령」 제74조에 따름
담당공무원 확인 사항	1. 토지(임야)대장 2. 주민등록표등본 3. 법인 등기사항증명서(신청인이 법인인 경우만 해당합니다)	

행정정보 공동이용 동의서

본인은 이 건 업무처리와 관련하여 담당공무원이 「전자정부법」 제36조제1항에 따른 행정정보의 공동이용을 통하여 위의 담당공무원
확인사항을 확인하는 것에 동의합니다. * 동의하지 않는 경우에는 신청인이 직접 관련서류를 제출하여야 합니다.

신청인(대표자)　　　　　　　　　　　(서명 또는 인)

| 농지취득자격증명신청서 양식

■ 농지법 시행규칙 [별지 제4호서식] <개정 2012.7.18>

농업경영계획서

[앞쪽]

취득 대상 농지에 관한 사항	①소재지				②지번	③지목	④면적 (㎡)	⑤영농 거리	⑥주재배 예정 작목 (축종명)	⑦영농 착수시기
	시·군	구·읍·면	리·동							
		계								

농업 경영 노동력의 확보 방안	⑧취득자 및 세대원의 농업경영능력					
	취득자와 관계	성별	연령	직업	영농경력(년)	향후 영농여부
	⑨취득농지의 농업경영에 필요한 노동력확보방안					
	자기노동력		일부고용	일부위탁		전부위탁(임대)

농업 기계·장비의 확보 방안	⑩농업기계·장비의 보유현황					
	기계·장비명	규격	보유현황	기계·장비명	규격	보유현황
	⑪농업기계장비의 보유 계획					
	기계·장비명	규격	보유계획	기계·장비명	규격	보유계획

⑫연고자에 관한 사항	연고자 성명		관계

「농지법」 제8조제2항, 같은 법 시행령 제7조제1항 및 같은 법 시행규칙 제7조제1항제3호에 따라 위와 같이 본인이 취득하려는 농지에 대한 농업경영계획서를 작성·제출합니다.

년   월   일

제출인   (서명 또는 인)

| 농업경영계획서(앞면)

⑬소유농지의 이용현황

소 재 지				지번	지목	면적 (㎡)	주재배작목 (축종명)	자경여부
시·도	시·군	읍·면	리·동					

⑭임차(예정)농지현황

소 재 지				지번	지목	면적 (㎡)	주재배 (예정)작목 (축종명)	임 차 (예정)여부
시·도	시·군	읍·면	리·동					

⑮특기사항

기재상 유의사항

⑤란은 거주지로부터 농지소재지까지 일상적인 통행에 이용하는 도로에 따라 측정한 거리를 씁니다.

⑥란은 그 농지에 주로 재배·식재하려는 작목을 씁니다.

⑦란은 취득농지의 실제 경작 예정시기를 씁니다.

⑧란은 같은 세대의 세대원 중 영농한 경력이 있는 세대원과 앞으로 영농하려는 세대원에 대하여 영농경력과 앞으로 영농 여부를 개인별로 씁니다.

⑨란은 취득하려는 농지의 농업경영에 필요한 노동력을 확보하는 방안을 다음 구분에 따라 해당되는 난에 표시합니다.

　가. 같은 세대의 세대원의 노동력만으로 영농하려는 경우에는 자기 노동력 란에 ○표

　나. 자기노동력만으로 부족하여 농작업의 일부를 고용인력에 의하려는 경우에는 일부고용란에 ○표

　다. 자기노동력만으로 부족하여 농작업의 일부를 남에게 위탁하려는 경우에는 일부 위탁 란에 위탁하려는 작업의 종류와 그 비율을 씁니다.

　　[예 : 모내기(10%), 약제살포(20%) 등]

　라. 자기노동력에 의하지 아니하고 농작업의 전부를 남에게 맡기거나 임대하려는 경우에는 전부위탁(임대)란에 ○표

⑩란과 ⑪란은 농업경영에 필요한 농업기계와 장비의 보유현황과 앞으로의 보유계획을 씁니다.

⑫란은 취득농지의 소재지에 거주하고 있는 연고자의 성명 및 관계를 씁니다.

⑬란과 ⑭란은 현재 소유농지 또는 임차(예정)농지에서의 영농상황(계획)을 씁니다.

⑮란은 취득농지가 농지로의 복구가 필요한 경우 복구계획 등 특기사항을 씁니다.

| 농업경영계획서(뒷면)

PART 3

미래 가치를 판단하는
안목을 키워라

미래 가치 판단이
먼저이다

땅값이 오르고 시장가격이 결정이 되는 요인에는 여러 가지가 있다. 땅의 지목과 용도, 도시계획과 맞물린 지역·지구 및 구역 요인 뿐만 아니라 산업단지, 역세권, 행정타운, 관광단지, 신도시 등의 주변 환경에도 영향을 받는다. 지가가 상승할 수밖에 없는 이유는 국가계획이나 개발사업 등에 필요한 토지수요에 비해 공급이 한정적이기 때문이다.

예컨대 A 지역에 기업이 들어오기 위해서는 산업단지를 조성해야하므로 산업용지가 필요하다. 산업단지가 조성되고 기업이 입주를 시작하면 고용 창출 효과로 그 지역의 인구가 증가한다. 이렇게 유입된 인구를 수용하기 위해서는 먹고, 자고, 생활할 환경 즉, 주거용지 및 상업용지가 필요하다.

이런 이유로 각 지자체에서는 모든 토지의 집약도와 이용도를 높이기 위하여 각 토지마다 쓰임새에 맞게 개발이 가능한 땅과 불가능한 땅의 용도를 미리 지정하여 체계적으로 관리하고 있다. 이를 확인할 수 있는 개발계획과 서류를 통해 미래 가치를 판단하여 계획이 잡혀있는 땅을 미리 선점한다면 그야말로 백점짜리 투자라 할 수 있다.

반면에 입지가 좋고 개발 호재가 많은 지역일지라도 쓰임새와 미래 가치를 잘못 판단해 개발이 불가능하거나 규제가 심한 땅에 투자한다면 오랜 시간이 지나도 이득을 보기가 어렵다. 개발이 되지 않아 처분하려 해도 사려는 매수자가 나타나지 않아 어려움을 겪는 것이다. 이렇듯 호재가 많은 지역의 개발 가능성이 없거나 상대적으로 값이 저렴한 절대농지나 보전산지, 보전녹지 등은 기획부동산이 던져둔 떡밥이니 낚이지 않아야 한다.

투자가치를 판단하려면 눈앞의 모습이나 매입 가격보다 용도와 미래 가치성을 더 중요시해야 한다. '나무를 보지 말고 숲을 봐라' 라는 말처럼 지금 내 땅이 어떤 모양으로 생겼는지, 어떻게 쓰이고 있는지가 아니라 개발 후의 모습을 그려볼 줄 알아야 한다. 분명히 개발계획과 용도가 서류상에 나와 있는데 대부분의 사람들은 '산이네, 논이네' 하며 실제 모습으로 땅을 판단한다. 이런 방식으로 땅에 투자한다면 평생 괜찮은 땅 한 평 살 수 없을 것이다.

게다가 대다수가 개발 유무와 미래 가치보다는 매입 가격을 중요시한다. 싸고 넓은 땅만 찾다가 좋은 투자기회를 놓치는 경우도 많다. 땅에 투자하며 무조건 수익을 볼 수 있을 거라 안일한 생각으로 저렴하고 넓기만 한 땅을 고집하며 대박을 바라는 것은 헛된 바람이다. 이 책을 읽은 사람이라면 모든 땅의 용도는 이미 정해져 있다는 사실을 알고 있다. 하루아침에 땅의 가치성이 바뀌는 일은 없다는 것을 말이다. 땅을 싸게, 많이 소유하는 것이 중요한 것이 아니다. 개발 가능한, 미래 가치가 있는 땅을 소유하는 것이 중요하다.

땅에 투자하려거든 먼저 서류를 확인하라고 벌써 몇 번이고 강조했다. 현재에도 수많은 개발계획과 개발이 임박한 땅이 있다. 이는 투자의 기회가 무수하다는 얘기지만 스스로 땅의 가치성을 판단할 줄 모른다면 기회를 잡을 수 없을 것이다.

땅의 가격은 보통 3단계에 걸쳐 상승한다. 개발계획의 발표, 착공 그리고 완공이 바로 그 3단계이다.

예컨대 A라는 지역에 국가계획을 바탕으로 막대한 예산을 투입한 국책사업이 진행된다는 계획이 발표되면 이 소식을 접한 투자자들이 몰려들어 땅을 사들이기 시작한다. A지역의 땅은 한정되어 있기 때문에 땅을 가지고 있으면 앞으로 땅값이 더 상승할 거란 기대감에 매물을 내놓지 않아 거래량이 대폭 줄어들고 매물이 잠기는, 즉 공급에 비해 수요가 많아서 가격이 상승할 수밖에 없는 구조가 발생한다. 이로 인해 불과 몇 만 원밖에 안 하던 땅이 순식간에 몇 십만 원대로 오른다. 계획이 발표되었을 뿐인데 말이다. 하지만 이것은 워밍업에 불과하다.

시간이 흘러 계획대로 착공이 진행되면 이 지역의 땅값은 천정부지로 오를 준비를 한다. 땅값이 제일 급격하게 상승하는 시점이 바로 착공과 완공단계 사이이다. 착공이 진행되면 누구든지 사업이 진행되는 과정을 눈으로 확인할 수 있다. 때문에 과감한 투자가 시작된다. 계획단계에서 값이 이미 큰 폭으로 올랐음에도 불구하고 혹시나 사업이 취소될까 관망하던 투자자들이 뛰어들어 자금을 투입한다. 완공이 되면 지가가 더 크게 상승하리란 것을 정확하게 예측했기 때문이다.

완공까지는 대개 5~7년 정도가 걸리며 도시에 인구가 유입되고 활성화되는데 까지는 7~10년 정도의 긴 시간이 걸린다. 그렇기 때문에 뒤늦게 투자하려는 경우엔 무작정 서두르기 보다는 인내심을 갖고 기다려야 한다. 계획단계에서 무리하게 투자했거나 긴 기다림에 지친 투자자들이 현금화를 위해서 시장에 급매물을 내놓는 경우가 생기기 마련이다. 이런 매물들을 적극적으로 검토해볼 필요가 있다. 착공 전에 매입해서 완공되기 직전에 처분하는 것이 바람직한 투자 방법이기는 하지만 땅에 관한 투자 경험이 많지 않다면 투자를 결정하는 것이 마냥 쉽지만은 않을 것이다. 그러므로 이러한 개발사업이 진행되는 지역을 유심히 지켜보다가 지금은 비싸더라도 안전하게 투자할 수 있는 착공 시점에 투자하는 것도 좋은 방법이다.

이렇듯 땅 투자는 다른 재테크와 달리 인내심이 필요한 시간투자이므로 무작정 뛰어들었다가는 큰 코 다친다. 하지만 판단력만 갖춘다면 누구든지 수익을 볼 수 있는 최고의 재테크이기도 하다. 땅의 투자 가치는 무궁무진하고 앞으로도 상승할 수밖에 없다. 때문에 안목을 키워 어떤 타이밍에 투자를 해야 할지 판단할 줄 알아야 하고, 기회가 오면 언제든 과감하게 투자할 준비가 되어 있어야 한다.

용도에 따라
땅값이 달라진다

토지의 이용이나 개발, 미래 가치성은 물론 가격도 용도지역에 따라 달라진다. 건축할 수 있는지 없는지, 어떤 건축물인지에 따라 땅값이 좌우되는 것이다. 예를 들어 좋은 입지조건에 모양이 반듯하고 도로가 접해있는 토지라도 농사를 짓거나 농가주택을 지을 수 있는 농림지역과 상가 건물을 지을 수 있는 상업지역, 다가구를 건축할 수 있는 주거지역의 가치가 같을 수는 없다. 즉, 같은 도시지역이라도 주거지역과 상업지역의 가격이 차이나는 이유는 건폐율과 용적률, 그리고 신축할 수 있는 건축물의 종류가 다르기 때문이다.

앞서 확인한 바와 같이 지목은 형질변경을 통해서 임의대로 변경할 수 있지만 용도지역은 국가와 해당 시·군의 도시계획에 의해 지정되고 변경된다. 그러므로 땅에 투자하려면 도시계획이 지정되어 있는 땅, 개발지 인근의 건축할 수 있는 땅, 용도변경이 예측되는 땅 등을 미리 선점하는 것이 일반적이다. 다만 이러한 부분을 악용하여 투자자를 현혹하는 부동산 업자들이 많기 때문에 스스로 관련된 서류를 검토하여 용도를 확인하는 것을 절대로 잊기 말아야 한다.

지자체에서 도시계획을 수립할 때 개발의 타당성을 검토하여 용도지역이 상향조정되는 경우가 있다. 전용주거지역이 일반주거지역으로, 제1종 일반주거지역이 제2종·제3종 일반주거지역으로 변경되거나 주거지역이 상업지역으로 상향조정되면서 신축할 수 있는 건축물의 종류가 달라진다. 용도지역이 상향조정 되면 용적률, 건폐율이 높아지므로 땅의 이용 가치는 물론 값도 상승하게 되는 것이다.

용도지역이 상향조정되는 경우에는 국가예산을 투입하여 대규모로 국책사업이 진행되는 신도시나 택지개발예정지구, 국가산업단지, 역세권개발구역 등이 있다. 대표적인 예로 평택, 화성, 영종도, 청라, 판교, 세종을 들 수 있다. 정부에서 막대한 예산을 투입하여 산업단지, 행정타운, 철도망, 도로망 구축 등 개발사업이 활발하게 이루어짐에 따라 지역발전은 물론 인구 유입이 활발하게 진행되었다. 이로 인해 도시가 성장했으며 해당 지자체는 지속적으로 유입되는 인구를 수용하기 위해 용도지역을 상향 조정하여 주거·상업공간을 확충했다. 따라서 해당 지역의 땅값은 큰 폭으로 상승했으며 이런 땅을 선점한 투자자들은 용도가 바뀌면서 인생도 바뀌었다.

이러한 투자법칙을 잘 알고 있는 사람들은 국토종합계획을 바탕으로 국책사업이 진행되는 지역을 눈여겨보다가 해당 지자체의 도시계획을 검토한 뒤 용도지역이 지정되어 있는 전, 답, 임야 등의 미래 가치를 판단하여 원형지에 투자한다. 겉으로는 다 똑같은 땅으로 보이겠지만 용도를 확인하면 쓰임새가 미리 정해져 있기 때문에 개발 가능성과 미래 가치성을 정확하게 예측할 수 있다. 이처럼 땅에 투자하려거든 기본적으로 용도지역의 중요성을 알아야 한다. 내가 투자하려는 땅의 용도를 반드시 확인하고 투자를 결정하는 습관을 가지자.

부동산 가치는 인구와 비례한다

부동산의 가격과 가치는 인구에 비례하여 움직인다. 서울 및 수도권과 지방권의 부동산 가격이 큰 차이를 보이는 이유도 우리나라의 인구 중 50%가 수도권에 밀집되어 있기 때문이다. 과거 각 지방에 분산되어 있던 인구들은 1970년대 이후 고도의 산업화로 인해 산업단지와 수출단지 등이 형성된 서울과 수도권으로 유입되었다. 인구가 급격히 증가하다보니 도시개발과 경제성장이 빠르게 이루어졌고 이로 인해 땅값이 크게 올랐다.

아무리 개발 호재가 많더라도 인구가 변동되지 않는다면 지차체의 예산을 낭비하면서 도시를 만들 이유가 없다. 반면에 인구가 급격히 증가하는 지역은 생활권 및 교통 인프라 구축이 필요하고 인근 지역 개발사업에 따른 지가상승 효과도 뛰어나다. 때문에 투자를 하려고 할 때 우선적으로 눈여겨봐야할 곳은 인구가 증가하고 있거나 유입이 예상되는 지역이다. 인구가 증가하면 그 외의 지역보다 개발속도가 빠를 수밖에 없다. 따라서 지가상승은 물론이고 환금성 역시 빨라지므로 단기간에 수익을 올릴 수 있다. 인구가 늘어날수록 도시는 팽창하고, 서로 맞물려 개발이 진행되기 때문에 인근 지역의 건축 가능한 땅도 지가 상승의 파급효과를 기대할 수 있다.

현재 정부는 서울 및 수도권에 집중되는 인구를 분산시키고 균형 발전을 육성하기 위한 계획을 세우고 추진 중이다. 행정도시, 혁신도시, 기업도시, 관광도시 등을 지정하여 수도권에 밀집되어 있는 기능을 분산시키고 이러한 정책에 따른 인구 이동으로 균형 발전을 도모한다. 이 영향으로 지난 몇 년간 인구가 증가와 급격한 지가 변동을 겪은 대표적인 도시에는 세종, 화성, 평택, 안성, 시흥, 동탄, 세종, 원주, 용인이 있다.

세종시는 누구나 잘 알고 있는 예시일 것이다. 세종시는 행정중심복합도시로 지정되어 국가균형 발전 및 국가경쟁력을 강화하기 위해 2012년 7월에 출범했다. 이후 국가정부기관이 대대적으로 이전하면서 곳곳에 도시개발사업이 활발하게 진행되고 있으며 해마다 인구가 지속적으로 늘어나고 있다. 충청권의 최근 1년간 인구 증가율 중 86.2%를 세종시가 차지할 정도다.

뿐만 아니라 세종시는 국토의 중심에 위치하고 있으며 앞으로도 많은 개발 호재를 품고 있다. 서울~세종고속도로(제2경부고속도로), 세종~청주고속도로 등의 교통망 개선을 추진하고 있으며 광역교통망이 구축된다면 지역 간 접근성이 더욱 용이해지기 때문에 오는 2030년까지 60만 인구를 수용하는 도시로 거듭날 전망이다.

세종시 인구증가율 [출처 - 행정안전부]

왜 부동산과 인구는 비례하는 것일까? 우리는 이 부분에 주목해볼 필요가 있다.

허허벌판이었던 세종시 부지에 대한민국의 중심행정기관을 이전하여 행정중심복합도시를 조성한다는 개발계획이 발표된 순간부터 전국에서 투자자들이 몰려들어 땅을 매입하기 시작했다. 국가행정기관이 이전하면 자연스럽게 인구가 유입되고 인구가 늘어나면 지자체에서 인구를 수용할 수 있는 생활권과 교통 인프라를 구축할 것이라는 사실을 잘 알고 있기 때문이다. 이들은 개발계획이 잡혀있는 땅이나 개발지 인근의 건축할 수 있는 땅을 매입했고 시간이 흘러 막대한 토지 보상금이 풀리자 또다시 인근 지역의 땅(대토)을 매입했다. 때문에 땅 가격이 지속적으로 상승한 것이다. 현재까지도 세종시의 인구는 지속적으로 늘어나고 있으며 생활권 조성을 위한 도시개발사업이 활발하게 진행되고 있다. 이렇듯 인구와 부동산 가치는 함께 상승할 수밖에 없는 비례 관계이다.

앞으로 우리가 주목해야 할 지역은 바로 서해안이다. 인천, 화성, 평택을 시작으로 당진, 서산, 대산, 새만금까지. 서해안은 중국으로의 수출에 최적의 입지조건을 갖췄다. 때문에 많은 기업이 입주하여 대규모 산업단지가 형성될 예정인 매력적인 투자처이다. 그러므로 서해안 지역의 국가계획과 진행상황을 확인해 도시계획이 지정되어 있는 땅을 선점한다면 큰 수익을 기대해도 좋을 것이다.

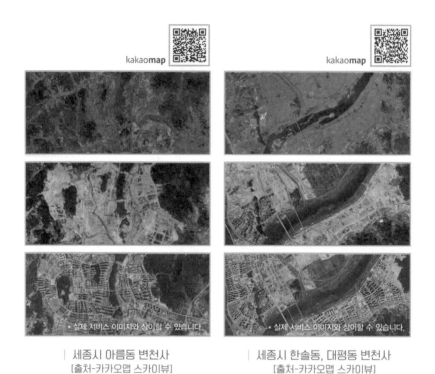

| 세종시 아름동 변천사
[출처-카카오맵 스카이뷰]

| 세종시 한솔동, 대평동 변천사
[출처-카카오맵 스카이뷰]

도시계획,
색깔로 완전 정복

대한민국의 모든 땅은 「국토의 계획 및 이용에 관한 법률」에 따라 도시지역, 관리지역, 농림지역, 자연환경보전지역 4개 용도지역으로 구분된다. 과거에는 국토이용관리법에 따라 도시지역, 준도시지역, 농림지역, 준농림지역, 자연환경보전지역 5개 용도로 구분되었지만 무질서한 난개발으로 문제가 되던 준농림지역을 폐지하고 관리지역으로 편입시킨 후 계획관리지역, 생산관리지역, 보전관리지역으로 세분화하여 관리하고 있다.

땅의 신분은 용도에 따라 지정된다. 해당 토지에 건축을 할 수 있는지, 어떤 건물을 지을 수 있는지, 농사를 짓는 땅인지 등의 이용가치와 건폐율, 용적률 등이 법률로 정해져 있으므로 용도지역을 알아야 가치성을 정확하게 판단할 수 있다. 예컨대 도시지역은 인구와 산업이 밀집되어 있거나 밀집이 예상되는 지역에 주거·상업·공업·녹지 등 도시의 역할을 수행하기 위해 개발이 필요한 땅을 의미한다. 농림지역은 농림업을 진흥시키고 산림을 보전하기 위한 지역이며, 농사를 짓는 땅을 뜻하므로 토지를 이용하거나 개발함에 있어서 용도에 따라 가치성이 달라진다.

2002년 이전의 국토이용관리법에 따르면 준도시지역과 준농림지역을 개발할 수 있었다. 본래의 취지는 농업 및 휴양, 관광, 전원주택단지 등을 활성화시키고 지역 간 균형 발전을 도모하는 것이었지만 규제가 완화되고 개발행위제한이 적어지자 건설회사가 땅을 매입하여 아파트를 조성하는 경우가 생겨났다. 이후 너도나도 불필요한 난개발을 진행했다. 이로 인해 지역 간의 불균형이 초래되고 준도시지역과 준농림지역은 땅값을 상승시키는 투기세력의 먹잇감으로 변질되었다.

정부는 난개발로 인한 불필요한 예산 낭비를 막고 본래의 취지인 국토균형 발전을 달성하기 위해 전 국토의 개발가능성, 이용 가치성, 보전가치성 등을 조사하고 적성평가를 실시했다. 이를 바탕으로 땅의 신분인 **용도**를 지정하고 각 지자체별로 도시계획을 수립했다.

다시 한 번 강조하지만 하늘이 두 쪽 나더라도 반드시 서류는 확인해야 한다. 서류가 너무 많고 복잡해 도무지 이해할 수 없다면 적어도 토지이용계획확인서만이라도 확인해야 한다. 앞서 확인했듯이 토지적성평가를 실시하여 모든 땅의 신분을 정해놓았고, 이를 바탕으로 각 지자체에서 수립한 도시계획을 확인할 수 있기 때문이다.

그렇다면 사야할 땅과 사지 말아야할 땅은 어떻게 구분해야 하는가?

도시계획을 통하여 어디에 주거지와 상업지, 산업단지가 조성되는지 쉽게 구분할 수 있는 방법이 있다. 지적도상에 땅의 용도를 색깔별로 표시하여 도시계획을 수립하기 때문에 이것만 구분할 줄 알면 된다. 상업지역은 빨간색, 1종 일반주거지역은 연한 노란색, 2종 일반주거지역은 노란색, 3종 일반주거지역은 진한노란색, 공업지역은 보라색, 계획관리지역은 살구색, 자연녹지는 연녹색, 농림지역은 진녹색, 개발제한구역은 하늘색 등으로 구분하여 표시하고 있다.

| 색깔로 알아보는 도시계획

위 그림처럼 각 지자체에서는 도시개발계획을 수립하여 발표할 때 토지의 용도를 구분하여 색깔별로 표시한다. 색깔로 구분하는 방법만 익혀도 토지마다 토지이용계획확인서를 발급받고 일일이 용도를 확인할 필요가 없다. 지적도를 보면 해당 토지가 어떤 용도로 지정되어 개발될 예정인지 바로 파악할 수 있다.

예컨대 지금 위 지역이 논과 산으로 이루어진 허허벌판이라고 가정하자. 무작정 현장에 가서 땅의 실물을 본다면 개발 후의 모습을 그리기가 어려울 것이다. '이런 땅이 뭐가 되겠어?'라는 생각도 들고 투자할 마음이 사라지는 것이 당연하다. 반면 위의 서류를 검토한 사람은 오히려 심장이 두근거릴 것이다.

'보라색은 공업지역이니 산업단지구나.'

'빨간색은 상업용지니까 상권이 형성되겠구나.'

'짙은 노란색은 제3종 일반주거지역이니 아파트 단지가 조성되겠네.'

'연한 노란색은 제1종 일반주거지역이니 이 땅을 가지고 있다가 산업단지가 조성되면 그때 건물을 지어서 임대사업을 해도 괜찮겠다.'

공인중개사들이 내가 주최하는 세미나에 정보를 얻기 위해 참석하는 경우도 많다. 그중 친분이 있는 공인중개사 한 분이 서울에 아주 저렴하고 좋은 매물이 나와서 매입했다고 자랑을 했다. 지번을 주셔서 토지이용계획확인서를 열람해보니 지목은 '임야', 용도는 '도시지역, 자연녹지지역'이었다. 하지만 다른 법령에 '개발제한구역, 보전산지, 공익용 산지, 문화재보호구역' 등이 명시되어 있었고 시행령에는 '비오톱 1등급'으로 기재되어 있었다.

비오톱이란 생태 서식공간으로 자연생태계를 보존하기 위한 목적이기 때문에 엄격한 규제 대상이며 심지어는 개발제한구역보다도 더 강력한 규제가 따르는 '절대적으로 개발이 불가능한 토지'이다.

비오톱은 1~5등급으로 나누어져 있는데 1등급은 단순히 개발을 제한하는 것이 아니라 절대적으로 보전되는 땅이기 때문에 어떠한 경우에도 개발을 불허한다. 지인은 투자 가치가 전혀 없는 땅을 매입한 것이다. 부동산을 업으로 하는 사람도 땅에 대해 정확히 알지 못하면 실패하곤 한다. 이처럼 아무리 좋은 개발 호재가 있는 지역이라도, 심지어 내 땅 옆에 고속철도역이 조성된다고 할지라도 이미 지정된 땅의 신분을 내 마음대로 바꿀 수가 없기 때문에 용도와 관계법령을 정확히 검토한 후 투자를 결정해야 한다.

더 늦기 전에
시작하라

　　부동산은 인생을 바꿀 수 있는 최고의 재테크이다. 재력가들은 오래 전부터 부동산으로 자산을 증식했다. 정치권 인사들의 부동산 투기 의혹이 끊이지 않는 것을 봐도 알 수 있다. 그들은 개발계획이나 국책사업을 누구보다 먼저 알 수 있기 때문에 그 지역의 땅을 선점하여 막대한 이익을 볼 수 있다. 이처럼 부동산은 부와 권력의 재테크라고도 할 수 있다.

　　국토교통부 조사 결과에 따르면 우리나라 국토의 약 0.2%인 2억 4139m^2의 땅을 외국인이 보유하고 있는 것으로 나타났다. 총 32조 원에 달하며 면적으로 따지면 여의도의 80배가 넘는 규모이다. 경기도 4,182만㎡, 전남 3,791㎡, 경북 3,581만㎡, 제주 2,168㎡, 강원 2,107 ㎡ 등으로 해마다 외국인 소유의 토지 비율이 늘어나고 있다. 외국인 소유의 땅을 용도별로 구분하자면 농지와 임야가 1억 3815만㎡로 가장 높은 비율을 차지하고 있으며 공장용지 639㎡, 레저용지 1,196㎡, 주거용지 1,016만㎡, 상업용지 407만㎡이다.

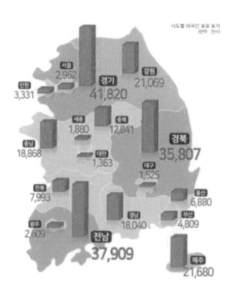

시도별 외국인 보유 토지
(단위: 천㎡)

지역	보유 면적
서울	2,962
인천	3,331
경기	41,820
강원	21,069
세종	1,880
충북	12,841
충남	18,868
대전	1,363
경북	35,807
대구	1,525
전북	7,993
울산	6,880
광주	2,609
경남	18,040
부산	4,809
전남	37,909
제주	21,680

| 외국인 토지 보유 현황 [출처- 국토교통부]

　　과거의 외국인토지법에 따르면 외국인은 국내 부동산을 취득하기 전에 허가를 받아야 했는데 현재는 일부 법이 개정되어 취득 후

신고제로 규제가 완화되었다. 또한 저당권을 포함한 토지 취득이 가능하게 되면서 외국인도 국내의 땅을 얼마든지 자유롭게 사고 팔 수 있게 되었다. 과거에는 산업 활동을 위한 공장용지 매입이 주였지만 현재는 레저용지와 주거·상업용지 매입이 늘어나고 있는 추세다.

용도별 외국인 토지 보유 현황 [출처-국토교통부]								
구분(천㎡)	'13년	'14년	'15년	'16년	'17년	'18년	전년대비 면적	전년대비 비율 (%)
합계	9,864	15,696	20,588	20,002	21,647	21,680	33	0.2
레저용	3,464	8,138	11,785	10,804	11,189	11,189	53	0.5
임야·농지 등	6,045	7,123	8,234	8,617	9,859	9,859	▲36	▲0.4
주거용	249	304	352	414	497	497	27	5.7
상업용	82	106	192	166	133	133	▲10	▲7.0
공장용	24	25	25	2	1	1	▲1	▲50.0

이처럼 우리나라와 수만 km 떨어진 곳에 사는 외국인도 한국 땅에 투자하고 있는데 정작 우리나라 사람들은 땅 투자에 거리감을 갖고 있다.

'살고 있는 곳이랑 멀어서 관심 없어요.'

'그 지역은 잘 몰라요.'

한국인의 토지 소유율은 주택 소유율에 비해 현저히 낮다. 국토연구원에서 발표한 통계자료에 의하면 국민의 40%가 무주택자인데에 반해 비교적 많은 숫자인 75% 이상이 무토지자이다. 내 집 마련을 위해서는 과감하게 투자하지만 땅에는 매우 소극적인 자세를 보이는 것을 알 수 있다.

사람들은 돈을 많이 벌고 싶다고 말은 하지만 정작 돈을 많이 벌수 있는 행동을 취하지는 않는다. 그러나 아무것도 하지 않으면 아무일도 생기지 않는다.

돈이 인생의 전부는 아니지만 돈이 있어야 행복에 가까운 삶을 살수 있다. 당신은 돈이 없어서, 혹은 능력이 없어서 투자를 못한 것이 아니다. 그동안 방법을 몰랐던 것뿐이다. 이제부터라도 관심을 갖고 시작한다면 기회는 많다. 과거에는 땅 투자가 선택사항이었지만 지금은 노후에 안정적인 삶을 영위하기 위해서라도 필수이다.

혹시라도 유독 땅 투자에 거리감을 갖고 있는 사람이라면 이런 상황도 한번쯤 생각해볼 필요가 있다. 주식이나 비트코인은 상장폐지가 결정되면 구제방법이 없다. 때문에 내 의지와는 상관없이 순식간에 많은 재산을 탕진하게 된다. 하지만 땅은 적어도 등기만 가지고 있다면 어떠한 상황에서도 소유권이 인정된다. 건축이 되지 않는 땅일지라도 농사를 지을 수 있고 담보대출에 이용할 수도 있다. 그러니 안전하고 정확한 재테크를 하고 싶다면 땅 투자를 시작해 보길 권유한다.

투자의 꽃,
신설 역세권을 주목하라

경제가 급격히 성장하고 도시 간 균형 발전을 추진할 수 있었던 이유에 국가철도망 구축이 큰 비중을 차지하고 있다고 해도 과언이 아니다. 과거 서울지역에 인구가 밀집돼 늘어나는 교통수요를 해소하기 위해서 지하철 건설이 추진되었다. 1970년대 지하철 1호선이 개통된 이래로 청량리역~성북역, 서울역~인천·수원 간 철도가 연결되면서 수도권 지역의 도시성장이 급속도로 이루어졌다. 그 후 1980년대에 2호선 개통과 함께 강북과 강남이 연결되며 서울시의 개발 흐름에 급격한 변화가 생겼다. 철도망 구축사업으로 인해 인구가 지속적으로 유입되고 상권이 활성화돼 본격적인 강남권 개발이 진행됨에 따라 강남불패 신화의 주역이 된 것이다.

땅에 투자하기 전 국토종합계획, 그중 국가철도망 구축계획을 눈여겨봐야 하는 이유가 여기에 있다. 정부는 국가철도망 구축으로 지역 간의 균형 발전을 도모하고 있다. 신설되는 역사 주변에는 유입될 인구에 대비하여 대규모 도시개발사업이 진행되고 땅값이 급격히 상승할 것이다.

국가철도망 구축계획은 10년 단위로 대한민국의 철도건설 계획을 담고 있다. 과거 정부는 전국을 X자형으로 연결하는 제1차 국가철도망 구축계획(2006~2015)을 발표했다. 2004년을 기준으로 39.8%에 머물고 있던 철도망을 73%까지 대폭 상향하고 고속철도망을 건설하는 것이 목표였다. 이에 따라 2010년 인천국제공항선이 완공되었고 천안역~온양온천역을 연결하는 장항선 복선전철화, 경전선, 중앙선, 전라선, 태백선 등의 철도망 구축사업을 완료했다.

기존의 X자형으로 연결하던 철도망을 田자형으로 결합하여 철도망을 85%까지 상향조정하는 제2차 국가철도망 구축계획(2011~2020)은 총 사업비 88조 원을 투입하여 전국 주요 거점을 KTX 망으로 연결하고 대도시권은 30분 내에 이동할 수 있는 광역·급행 철도망 구축을 목표로 한다. 현재 대전~대구를 연결하는 경부고속철도선 2단계 구간을 완공했으며 오송역~광주송정역을 연결하는 호남고속철도선이 완공되었다.

　이후 국토교통부에서는 국토종합계획의 수정사항을 반영하여 제3차 국가철도망 구축계획(2016~2025)을 발표했다. 전국적으로 고속철도망을 확충하고 고속철도 물류망을 형성하여 철도중심 연계 교통체계를 구축하는 것을 목표로 한다. 또한 철도노선 개량화를 통해 시속 250km의 고속열차를 운행하여 주요 거점을 해안권과 연결하고, 대도시권에 광역급행열차(GTX)를 구축하여 30분 내로 이동이 가능한 녹색물류체계를 구축하고 있다.

　세부적으로 국가철도망계획을 확인해보면 주요 거점 간 고속철도로 연결하기 위해 호남고속선, 경부고속선, 수도권고속선을 포함한 27개 사업이 진행되고 있다. 또한 대도시권 교통난을 해소하기 위해 수인선, 신안산선, 신분당선, 수도권 광역급행철도, 별내선, 하남선, 대구권광역철도, 충청권광역철도 등을 구축하고 철도물류 활성화를 위해 포승평택선(포승~평택), 군장산단선(대야~새만금항), 울산신항선(망양~울산신항), 포항신항선(포항~포항신항), 석문산단선(합덕~석문산단)등을 건설하고 있다.

　정부는 전국 어디든 90분대로 이동할 수 있는 '반나절 생활권'을 만들기 위해 막대한 예산을 투입하고 있다. 이러한 계획을 알고 있는 투자자들이 인구 분산과 균형 발전을 목적으로 하는 국토종합계획을 파악하고 철도망과 도로망에 중점적으로 투자하고 있는 것이다. 1970년 개통한 경부고속도로와 2010년 완공된 경부고속철도는 편리한 교통수단을 넘어 대한민국의 경제와 발전에 크게 기여했다. 현재 서울에서 대전까지 소요 시간은 40분대, 부산까지는 2시간 이내이다. 반나절 생활권이란 말은 점차 현실이 되어가고 있다.

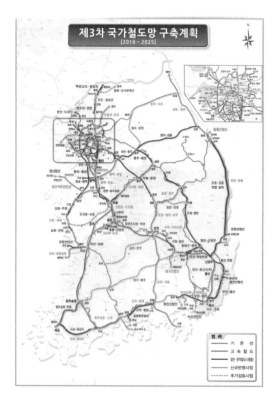

| 제3차 국가철도망 구축계획 (2016~2025) [출처-국토교통부]

현재 국가철도망 구축계획에 따라 서해선 복선전철(화성~홍성), 남부내륙선(김천~거제), 춘천속초선, 평택부발선, 충북선(조치원~봉양), 중부내륙선(이천~충주~문경) 등 약 45개의 사업을 추진하고 있으며 이는 총 250km 달한다. 생활권뿐만 아니라 산업단지와 물류거점을 연결하여 물동량을 처리하는 녹색물류체계를 함께 조성하여 기업경제 활성화에도 이바지하고 있다.

지금 우리나라가 산업과 관광을 기반으로 성장하고 있는데다 지역간 균형 발전과 기업의 물동량을 충족시키기 위해서는 인구를 분산시켜야 하는데 이를 위해서는 교통망이 뒷받침되어야 한다. 그중에서도 철도망은 꼭 필요한 요소이다. 서울 및 수도권에 밀집되어 포화상태였던 인구는 고속철도망과 도로망 발달로 인한 생활권 확대로 다소 해소되었다. 이로 인해 경기권이나 충청권에서 서울로 출퇴근하는 인구들이 늘어나고 있다.

또한 철도망 구축사업에 따라 신설되는 역사 주변에는 인구 유입에 따른 대규모 도시개발로 인해 땅값이 요동친다. 따라서 국가철도망이 구축되는 주변 지역을 눈여겨본다면 좋은 기회를 잡을 수 있을 것이다.

과거의 사례를 통해 확인해보자. 철도망 구축계획으로 KTX역사가 신설된 천안아산역, 오송역, 김천구미역만 보더라도 체감할 수 있을 것이다. 천안아산역은 고속철도가 조성됨에 따라 기업이 입주하여 산업단지가 형성됐고, 인구가 급격히 증가하면서 아산 신도시와 탕정지구를 비롯한 역사 주변에 백화점, 주상복합, 오피스텔, 아파트, 빌라 등 대규모 생활권이 개발되었다.

오송역은 최근 호남선 KTX(오송역~광주송정역) 완공으로 환승역이 되었다. 이미 국가산업단지와 제? 생명과학산업단지, 혁신도시 등이 조성되었고 향후 바이오·생명·과학 산업단지 등 바이오폴리스를 추가적으로 개발할 예정이다. 오송은 KTX역사가 들어선다는 개발계획이 발표된 후 많은 투자자들이 몰렸던 지역 중에 하나이다. 2000년대 초반 평당 10만 원밖에 안 하던 토지는 KTX역이 들어온다는 계획과 동시에 평당 200만 원까지 상승했고, 2008년 착공 당시에는 평당 380만 원까지 급등했다. 역사가 완공되고 오송역세권 주변으로 생명공학단지가 조성되자 주변 시세가 또다시 올랐다. 주거지는 평당 1,000만 원, 상업지는 평당 2,500만 원을 호가할 정도였다. 10년도 채되지 않는 기간에 땅값이 무려 250배가 오른 셈이다.

김천구미역도 마찬가지다. 2010년 개통의 영향으로 역사 주변에 혁신도시가 조성되었다. 한국도로공사, 조달교육원, 국립종지원, 농림축산감역본부, 농산물관리원, 대한법률구조공단, 한국전력기술, 교통안전공사 등의 공공기관이 대거 입주했다. 또 아파트, 상가, 빌라,

비즈니스호텔 등이 밀집된 대규모 도시개발이 이루어져 역시나 땅값이 올랐다.

신설 역사가 주목받는 이유는 높은 수익률과 개발기대감 때문이다. 부동산 투자의 꽃은 역세권이라는 말까지 생겼다. 역이 조성되면 주변 지역과의 연계를 통해 지역 교통의 중심 역할을 한다. 따라서 기업이 이동하고, 인구가 유입되고, 도시가 형성된다. 정부는 고속철도역을 중심으로 하는 지역 간의 연계발전을 통해 광역경제권을 성장 거점으로 육성할 계획이다. 또한 고속철도역은 산업, 관광 등을 연계하여 국가경쟁력의 중추적인 역할을 하게 된다.

현재 우리나라는 제4차 국가철도망 구축계획을 준비하고 있다. 이 기회를 놓치지 않길 바란다. 다만 무작정 달려들지 말고 앞서 설명한 것들을 꼼꼼히 따져 현명하게 투자해야 한다.

땅 팔자가 바뀌는 도로망사업

지난 40년간 국가교통망 구축은 국토의 효율성 증대, 지역경제 활성화 등 균형 발전에 크게 기여했다. 때문에 국가철도망 구축이나 간선도로망에 집중적으로 예산을 투입하는 것이다. '사람 팔자는 땅이 바꾸고 땅 팔자는 도로가 바꾼다'라는 말이 있다. 그만큼 교통망은 부동산 투자에서 막대한 비중을 차지한다.

국가도로망 구축계획은 도로분야 최상위 법정계획으로 국토부 장관이 국토종합계획(20년), 국가기간교통망계획(20년), 국가도로종합계획(10년)을 바탕으로 수립하고 이에 따라 각 지자체에서 5년 단위로 도로건설관리계획을 수립한다. 현재 도로망은 전국 주요 지역을 연결하는 고속도로와 일반국도를 중심으로 지역생활권을 연결하는 지방도, 시·군도 등이 상호 연계되어 전국 도로망의 주축을 이룬다.

앞으로 2020년까지 총 사업비 약 74조 원을 투입하여 동서축과 남북축을 연결하는 9×7 격자형 국가간선도로망을 구축해 고속도로 5,000km 시대를 준비하고 있다. 이는 국토 78%에 해당하는 인구의 96%가 인근 고속도로에 30분 내로 접근할 수 있는 도로망 형성을 목표로 한다. 국가도로망 구축계획과 신설되는 도로망에 주목해야 하는 이유도 바로 이 때문이다.

새롭게 교통망이 형성된다는 것은 지역 간에 접근성이 용이해진다는 뜻이다. 수도권에 밀집된 인구의 생활권이 넓어지면서 자연스럽게 인구가 분산되는 효과를 갖추게 되고 물류수송비용 또한 절감되므로 신설 도로망을 따라 주거지와 산업단지가 조성된다. 특히 대도시의 경우에는 도로변을 중심으로 상권이 활성화되어 지역 간의 균형 발전을 이룰 수 있다.

예를 들어 파주, 판교, 분당, 용인, 동탄, 남양주 등에 서울권과 접근성이 용이한 경부고속도로, 서울외곽순환도로, 영동고속도로, 수도권 광역도로 등이 상호 연계되자 이 지역들은 엄청난 발전을 거듭했다. 2016년 제2영동고속도로(광주~원주)가 개통되고, 2009년 서울~

춘천 간 고속도로를 시작으로 동홍천~양양 구간이 추가적으로 연결하여 2017년 서울~양양고속도로가 완공됨에 따라 강원도 일대의 땅값이 상승했다. 특히 원주 지역은 강남과의 이동시간이 대폭 줄어 6년 동안 땅값이 무려 4배 이상 올랐다.

이렇듯 교통망이 신설되면 기업에 원활한 물류이송을 지원할 수 있어 연쇄작용으로 지역 발전은 물론 국가 경제성장에도 크게 기여하게 된다

국가간선도로망 구축계획을 세부적으로 살펴보면 2024년 제2경부고속도로(구리~용인~안성~천안~세종)를 개통 예정이며, 이와 연계하여 2025년 수도권 북측물류의 대동맥인 제2외곽순환도로(인천~김포~파주~양주~포천~화도~양평~이천~오산~봉담~송산~안산)를 완공 예정이다. 또한 서해안 산업물류의 중추적인 역할을 하는 제2서해안고속도로(평택~익산)도 구축 예정에 있다.

이 밖에도 국토종합계획을 바탕으로 전국 곳곳에서 국가철도망 계획, 국가도로망 계획에 따라 도로. 철도 등 교통망이 확충되고 있어 신설 예정인 IC 인근의 땅값이 들썩이고 있다.

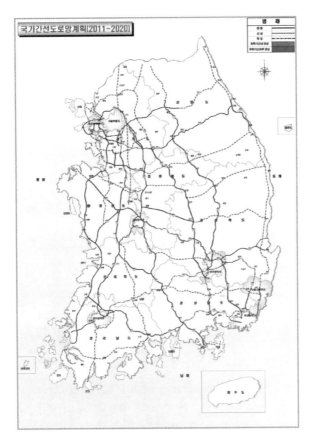

| 국가간선도로망 계획(2011-2020) [출처-국토교통부]

위 지도를 보면 서울 및 수도권에 교통망이 밀집되어 있는 것을 확인할 수 있다. 우리나라는 교통망이 잘 갖춰진 지역을 중심으로 발전했다. 따라서 상대적으로 교통망이 열악한 지방권은 각종 발전에서 소외될 수밖에 없었다. 지역이 성장하고 경제가 활성화되기 위해

서는 인구 유입이 가장 중요한데 교통망이 제대로 갖춰있지 않다면 기업이 물류이송에 대한 불편을 감수하면서까지 입주할 이유가 없다. 이 때문에 정부에서 전국 어디든 접근성이 편리한 교통망을 구축하는 계획을 수립하는 것이다.

도로의 존재 가치는 투자의 성패를 좌우한다. 땅의 이용 가치성은 도로의 유무에 따라 하늘과 땅 차이다. 도로가 접하지 않은 땅은 맹지라 하는데 맹지는 건축 허가가 나지 않으며 이용 가치성이 떨어져 투자 가치가 없다. 건축을 하기 위해서는 해당 토지에 폭 4m 이상, 너비 2m 이상 접한 도로가 있어야 한다. 건축법에 따라 도로의 폭이 4m 미만이면 건축할 수 없는 땅으로 간주하기 때문이다. 하지만 도로가 접해있다고 무조건 좋은 땅이라 착각하는 것은 금물이다.

도로는 소유권에 따라 공도와 사도로 나뉘는데 공도는 도로법에 따라 국가나 지자체가 소유하고 관리하지만 사도는 사도법에 따라 개인이나 문중, 단체 등 소유자의 편익을 위한 사적 소유이다. 때문에 사도에 건축을 하려면 소유자의 토지사용승낙서를 첨부해야하므로 많은 분쟁이 발생하고 있다.

토지사용승낙서

1. 부동산의 표시

소재지		지목	
대장면적	㎡(약 평)	사용면적	㎡(약 평)

2. 토지 소유자

성 명	
주민등록번호	
주 소	

3. 토지 사용자

성 명	
주민등록번호	
주 소	

4. 사용목적
상기 토지를 건축 허가 및 신고를 위해 사용함

5. 사용기간
2019. 00. 00. ~ 2019. 00. 00

6. 사용승낙조건
가. 토지사용자는 본 약정의 목적대로 사용하여야 하며, 사용기간 만료 시 즉시 소유자에 반환한다.
나. 사용기간 만료 시 토지에 사용된 일체의 비용을 소유자에게 청구할 수 없다.
다. 본 약정을 위반할 경우 상대방에 대해 각각 손해배상의무를 진다.

7. 특약사항

위 와 같이 토지 사용을 승낙합니다.

2019 년   월   일

토지 소유자 :   (인)

토지 사용자 :   (인)

첨부 : 1. 지적도 1부.
　　　 2. 인감증명서 1통.

| 토지사용승낙서

이처럼 국토종합계획과 더불어 국가철도망 구축계획, 국가도로망 구축계획은 부동산 투자에 꼭 필요한 보물지도와 같은 정보를 품고 있다. 땅에 투자하려거든 국가계획을 적극적으로 확인하고 검토해야 하며 언제든지 기회가 오면 과감하게 투자할 준비가 되어 있어야 한다. 준비되어 있지 않으면 매번 기회를 놓칠 수밖에 없다. 이렇게 놓친 땅의 가격이 어느 날 크게 상승한다면 말 그대로 땅을 치고 후회하게 될 것이다.

규모별 도로구분		
구분		도로너비
광로	1류	폭 70m 이상의 도로
	2류	폭 50m 이상 70m 미만인 도로
	3류	폭 40m 이상 50m 미만인 도로
대로	1류	폭 35m 이상 40m 미만인 도로
	2류	폭 30m 이상 35m 미만인 도로
	3류	폭 25m 이상 30m 미만인 도로
중로	1류	폭 20m 이상 25m 미만인 도로
	2류	폭 15m 이상 20m 미만인 도로
	3류	폭 12m 이상 15m 미만인 도로
소로	1류	폭 10m 이상 12m 미만인 도로
	2류	폭 8m 이상 10m 미만인 도로
	3류	폭 8m 미만인 도로

30대 선도
프로젝트를 검토하라

우리나라 정부는 체계적인 국토의 이용을 위해 국토종합계획을 수립하여 관리하고 있다. 이를 바탕으로 지역 간의 연계 및 협력을 통해 지역경쟁력을 향상시키고 국가경쟁력 확보를 위하여 경제 산업권, 인구, 인프라, 역사문화적 특수성 등을 고려한 5개 광역경제권(수도권, 충청권, 호남권, 동남권, 대경권)과 2대 특별광역경제권(강원권, 제주권)을 설정했다.

이는 수도권에 집중되어있는 경제산업과 인구를 각 지역으로 분산시켜 국토의 균형적 발전과 광역경제권 단위의 핵심 산업을 바탕으로 국가경쟁력을 갖춘 산업클러스터를 육성하려는 목적이다. 또한 인접 지역 간의 협력을 통해 지방권의 경쟁력을 키워 규모의 경제를 확보하기 위함이기도 하다.

제4차 국토종합계획의 수정 이후 광역권별로 차별화, 특화된 지방발전을 견인하기 위하여 기반시설을 확충하고 광역권 특화 발전전략과의 연계성, 국가계획과의 부합성, 지역 우선순위 등을 감안하여 광역권별 선도 프로젝트를 선정했다. **30대 선도프로젝트**는 국토종합계획 및 국가철도망 구축계획, 국가도로망 구축계획 등 국가상위계획을 바탕으로 기획재정부와 관계부처의 협의를 거쳐 수도권 3개, 충청권 5개, 호남권 5개, 대경권 5개, 동남권 5개, 강원권 4개, 제주권 3개 총 30개의 사업을 선정했다. 이 사업으로 인해 약 90만 개의 일자리가 새롭게 창출되었고 세계 최고 수준의 SOC기반시설을 구축함은 물론 동북아 교통물류의 허브로 도약하여 글로벌 국가경쟁력을 강화할 수 있다.

지역별 선도 산업의 글로벌 경쟁력 확보 및 해당 산업의 인력양성을 위해 권역별 거점대학을 지원하며, 경제자유구역, 국가산업단지, 새만금 등을 광역경제권의 신성장 거점으로 육성하고 광역권의 경제통합과 발전을 촉진하기 위해 7×9 간선도로망, 기간도로망 및 순환도로망을 확충할 계획이다. 또한 광역권 간 수송 효율을 극대화시키는 고속철도, 복선전철화 사업과 세계 주요 도시를 연계하는 국제관문인 공항, 항만, 해양 및 내륙 권광기반을 구축한다.

　　광역권별 선도프로젝트를 세부적으로 살펴보자. **수도권**은 제2외곽순환도로(인천~파주~양평~오산~인천), 복선전철(원시~소사~대곡), 인천지하철 2호선 등을 선도사업으로 지정하여 추진하고 있다. **충청권**은 행정중심복합도시(광역교통시설, 정주기반 등), 광역교통망(대전~세종~오송), 물류고속도로(제2경부고속도로, 제2서해안고속도로 등), 서해선 복선전철(화양~원시), 동서4축고속도로(음성~충주, 충주~제천) 등을 지정했고, **호남권**은 새만금개발(새만금 신항건설, 군산공항확장 등), 여수EXPO(박람회장, 기반시설 등), 서남해안 연육교(압해~암태, 화양~적금), 호남고속철도, 광주외곽순환도로를 선도사업으로 지정하여 추진하고 있다.

　　동남권은 경전선 복선전철(부산~마산, 진주~광양), 동서8축고속도로(함양~울산), 동북아 제2허브공항, 마산~거제 연육교, 부산외곽순환도로 등을 지정하고 **대경권**은 동서5축간선도로(영주~울진간 국도36호선), 동서6축고속도로(상주~영덕), 남북7축고속도로(울산~포항~영덕), 3대 문화권(문화생태 관광기반조성), 대구외곽순환도로 등을 선정했다. **강원권**은 동서2축고속도로(춘천~양양), 남북7축고속도로(동해~삼척, 주문진~속초), 복선전철(원주~강릉), 제2 영동고속도로(광주~원주) 등을 지정했고 **제주권**은 서귀포 크루즈항, 제주해양과학관, 영어교육도시를 선도사업으로 지정하여 개발을 진행하고 있다.

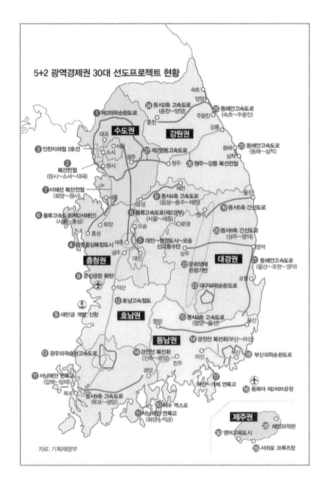

| 광역경제권 30대 선도 프로젝트 [출처-기획재정부]

광역권별 선도산업

수도권
선진 일류국가를 선도하는
글로벌 비즈니스 허브
- 금융·비즈니스·물류 등
- 제2 외곽순환고속도로
  (인천-파주-양평-오산-안산)

강원권
환동해권 관광 휴양 및
웰빙산업의 프런티어
- 의료·관광
- 원주-강릉 철도
- 제2 영동고속도로

충청권
과학기술과 첨단산업의
중심, 대한민국 실리콘밸리
- 바이오·반도체·디스플레이
- 행정중심복합도시
- 제2 경부, 제2 서해안고속도로

대경권
전통문화와 첨단지식
산업의 신성장지대
- 에너지·이동통신
- 대구외곽순환고속도로
- 영주-울진, 상주-영덕 간
  고속도로

호남권
21세기 문화예술과 친환경
녹색성장의 창조지역
- 신재생에너지·광소재
- 광주외곽순환고속도로
- 허남고속철도

동남권
환태평양시대의 기간산업
및 물류 중심지
- 수송기계·부품소재
- 부산-광양 간 복선 전철
- 동북아 제2 허브 공항

제주권
아시아 최고 수준의
국제자유도시
- 물 산업·관광·레저
- 영어교육도시
- 서귀포 크루즈항

- 정부 구상 선도산업
- 인프라 건설 계획

자료:기획재정부·국토해양부·지식경제부

| 광역경제권별 선도산업 [출처-국토교통부]

I. 수도권

    수도권은 동아시아권의 경제 선도를 위한 글로벌 비즈니스 허브 및 지식산업클러스터를 육성하고 글로벌 경쟁력을 강화한다. 또 인천공항, 인천항 및 평택·당진항을 통한 국제 교통·물류산업 인프라 구축으로 수도권을 대외교역의 거점항만으로 육성하고 대중국 전략기지로 발전시킬 방침이다. 뿐만 아니라 용의, 무의, 시화지역을 관광레저산업을 집중적으로 육성하고 경인 아라뱃길과 한강, 경기만 일대(강화~옹진~인천국제공항~영흥도~전곡항)에 국제해양관광시설을 확충할 계획이다.

    국가물류체계의 개선을 위해 수도권과 지방을 연결하는 물류간

선네트워크를, 지역 간의 연계발전을 위해 경의선(용산~문산), 분당선(오리~수원), 신분당선(강남~정자), 수서~용문 간 복선전철 등 광역철도망을 지속적으로 확충하기 위해 수도권 광역급행철도(GTX)를 구축한다.

수도권의 선도프로젝트는 수도권의 경쟁력을 강화하고 제2외곽순환도로(인천~김포~파주~포천~화도~양평~이천~오산~봉담~송산~안산)가 건설됨에 따라 도심에 치중되었던 발전사업과 인구를 다핵분산형 공간구조로 재편한다. 또한 서해선과 연계한 광역전철망(원시~소사~대곡)을 신설하고 인천 구도심의 재생을 위해 도시철도(인천 2호선)를 확충하며 남북교류접경벨트 개발을 통해 수도권 북부지역의 발전을 도모하고 있다.

수도권 제2순환고속도로는 서울 외곽순환고속도로의 바깥쪽에 위치하고 있으며 원형으로 순환하는 형태이다. 최근 인천~안산 구간의 예비타당성 조사가 완료됨에 따라 전체 12개 구간(263.4km)이 오는 2025년 완공될 예정이다. 2009년 봉담 나들목~동탄 분기점 구간이 먼저 개통되었으며 2017년 남항교차로~서김포통진 나들목 구간이 개통되었다. 양평~화도 구간은 2020년 완공을 목표로 현재 공사가 진행 중이며 봉담~송산 구간, 이천~오산 구간은 2021년 개통한다. 또한 파주~양주 구간과 포천~화도 구간은 2022년까지, 김포~파주 구간, 이천~양평 구간은 2024년 개통을 목표로 추진하고 있으며 나머지 전구간도 오는 2025년 완공된다.

　　수도권 제2외곽순환도로는 제2경부고속도로, 제2서해안고속도로 등과 연결되어 전국 어디든 물동량 처리가 용이하고 물류비 절감 효과로 인한 수도권 경제발전과 북부지역 물류 대동맥 형성을 기대해볼 수 있다.

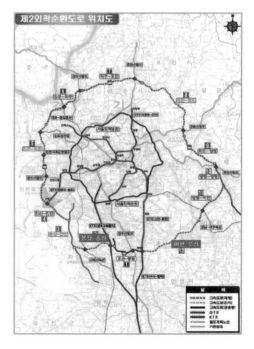

| 수도권 제2외곽순환도로 위치도 [출처-국토교통부]

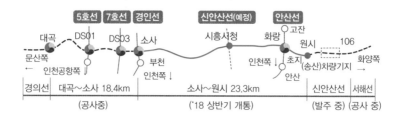

대곡~소사~원시선 노선도 [출처 - 국토교통부]

　　수도권 철도망의 중추적인 역할을 하는 대곡~소사~원시선은 서북부 지역과 서남부 지역을 연결하는 핵심 교통축이다. 이는 북쪽으로는 경의중앙선, 신안산선과 연계되고 남쪽으로는 서해선 복선전철과 연결되기 때문에 향후 장항선과 연결할 시 접근성이 용이해지므로 서해안벨트의 중심이 될 것이다. 대곡~소사~원시선은 두 개의 구간으로 나뉘며 그중 소사~원시선은 2018년 상반기에 개통됐고 대곡~소사선은 2022년 완공될 예정이다.

II. 충청권

충청권은 첨단과학기술산업의 허브로 도약하기 위한 IT, 의약, 반도체, 디스플레이, 바이오, 첨단과학R&D산업을 중심으로 한국의 실리콘밸리를 조성한다. 대도시권과 충청권을 연계하기 위해 대전, 세종, 천안, 청주, 공주, 오송, 아산만 등 KTX 중심의 광역교통망을 구축하여 행정중심복합도시, 혁신도시, 기업도시, 관광문화도시, 내포신도시 등 거점도시와 인접지역 간의 광역도시권을 형성하고 경제권역 내 지역발전을 계획적으로 추진한다.

한국의 실리콘밸리

충청권은 과학기술 및 첨단산업 중심의 실리콘밸리를 비전으로 하며 행정중심복합도시 바탕의 첨단기술광역벨트 조성으로 R&D 허브 및 동북아의 IT·BT산업 중심지로 발전할 전망이다.

또한 오송 첨단의료복합단지와 대덕 연구개발특구 연계로 글로벌 바이오의료사업 허브를 육성하고, 산업이 융복합(디스플레이 메가스터, 태양광산업, 국방과학산업, 신소재산업 등)과 경제자유구역을 중심으로 산업클러스터(자동차, IT, 철강·석유화학, 항공산업)를 확충한다.

신교통수단(BRT)

신교통수단(BRT)사업은 대전~세종~오송을 연결하는 국가기간 교통망 KTX(대전역, 오송역)와 충청권 광역거점지역인 행정중심복합도시, 대덕특구 등을 연계하여 지역경제 활성화를 추진하는 친환경 대중교통체계 구축사업이다. 광역권의 대중교통체계인 신교통수단(BRT) 시스템이 완성되면 대전~세종~오송 등 주요 거점지역을 1시간 이내로 이동할 수 있는 생활권이 형성되어 충청권이 상생하는 균형발전을 도모할 수 있다.

-TIP- BRT (Bus Rapid Transit)

도심과 외곽을 연결하는 주요 도로망에 간선급행버스가 운행되는 시스템이다. 기존의 버스체계에 전용차로, 정거장, 환승시설, 사전요금징수 등 철도 시스템의 운영개념을 도입한 새로운 대중교통 시스템으로 저비용으로 고효율을 달성할 수 있다. 경전철보다 건설 비용이 저렴하며 건설 기간이 짧고 단계별로 사업추진이 가능하다는 장점을 갖고 있다.

| 대전~세종~오송 신교통수단(BRT) 노선도 [출처-대전광역시]

고속도로

　서울~세종 간 고속도로(제2경부고속도로)는 총 사업비 6조 8000억 원을 투입하여 구리~강동~하남~용인~안성 구간을 2022년 개통할 예정이며 안성~천안~세종 구간을 2024년까지 완공할 계획이다. 이를 통해 도로 용량을 초과하여 상습적으로 정체되는 경부고속도로와 중부고속도로의 교통량을 분산시키는 효과는 물론이고 서울과 세종시를 1시간 이내에 이동할 수 있는 생활권이 갖춰진다. 또한 서울~세종 간 고속도로, 충청 내륙고속화도로, 대전~당진간 고속도로(대산 연장) 등을 추진하고 있으며 물류기능 강화를 위해 평택·당진·대산항의 항만시설을 확충, 중국 물류이송의 거점으로 개발하여 석유화학 클러스터 및 자동차 물류전용 항만으로 육성할 방침이다.

　뿐만 아니라 서해안 지역의 균형 발전을 도모하고 산업·관광과 물류수송의 중심축을 담당하는 제2서해안고속도로(평택~익산)사업은 총 사업비 2조 1,600억 원을 투입했고, 평택~부여 구간은 2023년 개통, 부여~익산 구간은 2033년까지 완공을 목표로 하고 있다.

| 서울-세종 간 고속도로
[출처-국토교통부]

| 제2서해안고속도로
[출처-국토교통부]

서해선 복선전철

　환황해권 성장거점을 서해선 복선전철로 연계하여 지역 간 균형 발전을 도모하고 있다. 현재 개발사업이 활발하게 진행되고 있는 서해선 복선전철은 총 사업비 약 3조 9,000억 원을 투입하여 송산~화성시청~향남~안중~인주~합덕~예산~홍성을 연결하는 사업으로 2022년 개통예정이다. 서해선 복선전철이 완공되면 서해안 지역의 경제 활성화는 물론 원활한 물류수송과 국가경쟁력을 강화하는 환황해권 중심의 산업물류클러스터를 구축할 수 있다. 또한 북측으로는 원시~소사~대곡선과 직결되어 신안산선까지 연결되고, 남쪽으로는 장항선과 연계되어 서해안 물류의 중주적인 역할을 할 것이다.

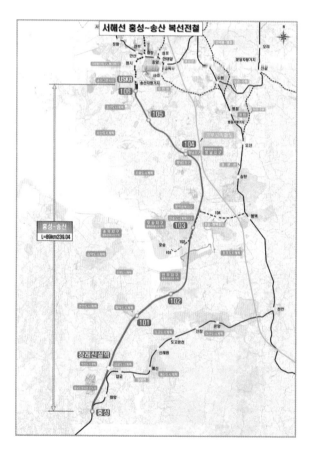

| 서해선 복선전철 노선도 [출처-국토교통부]

문화 · 관광

이 밖에도 대도시 근교지역, 서해안벨트, 중부내륙지역, 백제문화 등을 세계적인 관광휴양지로 육성하기 위해 역사문화루트(백제·내포·중원문화권), 충청권 건강회랑(보령, 아산, 제천, 오송, 예산, 수안보, 유성), 갑천 첨단과학, 백두대간루트 등을 활용하여 관광 및 문화벨트를 공동으로 개발하며, 충청권 그린블루 네트워크 구축을 통해 인간과 자연이 상생하는 녹색 공간구조를 조성한다.

III. 호남권

6대 성장거점

호남권은 동북아의 신산업, 문화, 관광, 물류거점으로 도약하기 위해 지역별 특성화를 통한 6대 성장거점을 지정했다.

광주대도시권은 호남권의 중추도시이자 아시아 문화중심, 연구개발허브, 융복합 산업도시로 육성하고, 전주 광역도시권을 중심으로 호남북부의 거점도시 기능을 강화하며 전통문화중심, 교육 및 과학기술, 첨단부품소재 융합도시로 육성한다. 새만금권은 국제업무지구, 산업단지, 관광·레저용지 조성 및 새만금 신항만 건설을 통해 대중국의 관문으로서 글로벌 경제거점으로 육성할 방침이다. 목포권은 무안 및 영암, 해남 기업도시와 성장거점으로 개발해 물류·해양관광을 통한 중국교역의 중심지역으로 거듭날 전망이며, 광양만권은 경제자유구역 조성과 광양 컨테이너항, 광양·여천 산업단지 등을 기반으로 국제적인 산업물류의 중심지로 육성할 계획이다. 뿐만 아니라 서해안벨트(군산~목포), 남해안벨트(목포~광양), 내륙 청정휴양레저벨트, 수변생태관광벨트(군산~덕유산)를 특성화하고 지식첨단산업(광주~전주), 신재생 녹색에너지산업(광주~목포), 신소재 부품산업(광주~광양만), 녹색산업(전주~익산~군산~새만금)의 4대축을 형성하여 지역 간의 공간구조를 연계한다.

이 밖에도 광주~나주, 새만금~익산~전주를 중심으로 헬스케어산업을 활성화하고 광주R&D특구를 지정하여 광양만권을 첨단산업의 거점으로 육성한다. 또한 새만금지구와 서남해안 관광레저도시를 연계하여 동북아의 해양관광벨트로 지정하고, 새만금 및 여수를 중심으로 동북아 해양관광 허브를 조성한다.

호남권은 21세기 문화예술과 녹색산업을 창조하는 지역으로, 세계 최고 수준의 해양문화와 관광레저벨트를 조성하며 신재생에너지, 식품산업 등 저탄소 녹색산업 육성을 비전으로 추진하고 있다.

또한 동북아 경제중심지로 발돋움하기 위한 교통 인프라 구축으로 군산(새만금)~포항~목포~부산 간 동서교통망이 확충되고, 새만금·서남권·광양만권 경제자유구역 및 기업·혁신도시와 연계를 강화한다. 호남고속철도 조기구축과 광주송정역 복합환승센터 건설 및 광주~순천 간 경전선 복선전철화 역시 추진할 계획이다. 이뿐 아니라 새만금지구와 서남해안을 연결하는 광역교통망, 군산공항 확장, 광주외곽순환도로, 광역철도 구축, 서남해안일주도로(일반국도77호선), 무안국제공항 활성화, 새만금 신항만 건설 등이 예정에 있다.

| 새만금신항만 위치도 [출처-새만금개발청]

새만금 신항만

미래지향적인 종합 항만 개발을 목표로 새만금 산업단지에서 생산하는 수출입 물동량 처리를 위해 새만금 신항만에 총 사업비 2조 6000억 원을 투입했다. 1단계 사업으로 2025년까지 방파제 3.1km와 부두 4선석을 우선적으로 개발하고, 2030년까지 2단계로 8만 GT 급 크루즈 부두를 포함한 부두 14선석을 개발한다.

새만금 신항만이 완공되면 연간 1,729만 톤의 수출입 물동량을 처리할 수 있을뿐더러 인공 섬 방식의 개발로 해양관광산업 활성화에도 크게 기여할 것이다. 또한 제5차 공항개발 중장기종합계획에 따라 군산공항을 새만금 국제공항으로 확장하는 건설이 확정되어 새만금 지역의 하늘길이 열리게 되었다. 3.2km 길이의 활주로와 6만m^2 규모의 계류장, 1만 3천m^2 규모의 여객터미널, 1만 2천m^2 크기의 화물터미널을 통해 동북아 물류 허브의 중심지로 도약한다.

| 광주외곽순환도로 노선도 [출처-국토교통부]

교통

우리나라 고속국도 제500호선 광주외곽순환도로는 총 9.7km로 2022년까지 광주광역시 광산구 송치동과 전라남도 장성군 남면 분향리를 연결한다. 향후 광주외곽순환도로가 완공된다면 호남고속도로, 고창~담양고속도로, 광주~대구고속도로, 광주~완도고속도로 등 주요 고속도로망과의 연계로 접근성이 향상되고, 인근 첨단산업단지(명동산단, 하남산단 등)의 물류이송이 수월해지므로 지역경제 활성화는 물론 균형 발전 역시 도모할 수 있다.

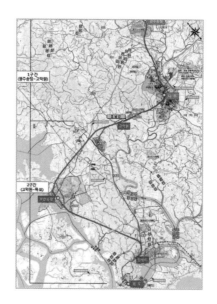

| 호남고속철도 2구간 노선도 [출처-국토교통부]

호남고속철도(KTX) 2구간 구축사업은 국토종합계획에 따라 충청권, 호남권의 경제 활성화와 균형 발전을 목적으로 총 사업비 약 10조 6,049억 원을 투입하여 오송~공주~익산~정읍~광주송정~나주~무안공항~목포를 연결하는 국가철도망 구축사업이다. 호남고속철도 1단계 구간(오송~광주송정)은 2015년 개통했으며 2단계 구간(광주송정~목포)은 2020년에 착공하여 2025년까지 완공될 예정이다.

IV. 동남권

산업

동남권은 환태평양 해양물류 및 첨단기간산업의 중심지로 도약
하기 위해 대한민국의 최초 항만인 부산항을 중심으로 국제물류지원
단지, 항만비즈니스센터, 배후물류단지의 확충을 통해 포트비즈니스
밸리를 육성한다. 또한 해양산업을 기반으로 금융·해운·항만·물류·
수산 등 산업의 역량을 강화하고, 세계 석유소비시장의 중심지인 동
북아시아의 석유물류활동 중심거점을 위한 오일 허브로 조성될 예정
이다.

유라시아 관문 역할을 위한 교통·항만물류 인프라 구축과 KTX 역세권(부산·창원·울산) 연계로 동남권 내륙순환도로, 광역전철망, 남해안권~중부내륙을 연결하는 고속철도망을 확충하며, 수송기계산업(그린카·해양플랜트), 융합부품소재산업(기계기반 융합부품소재·수송기계안전부품소재)을 집중 육성하여 글로벌 경쟁력을 강화하고 경제권 형성을 위해 테크노 산업단지 및 도시첨단산업단지 등을 조성한다.

이 밖에도 부산(항만·조선기자재), 울산(자동차·조선·석유화학·전지), 창원(기계·해양플랜트·로봇), 사천·진주(항공), 거제(조선) 등 지역전략산업의 광역산업클러스터를 추진하고 있다. 부산 대도시권(물류·국제비즈니스·금융), 울산 대도시권(자동차·조선·에너지화학), 진해만 환상도시권(로봇·기계·조선해양플랜트), 내륙 성장도시권(나노·의료), 사천만 환상도시권(항공우주·소재산업), 서북부 성장촉진권(녹색생명산업) 등 지역별 특화산업을 통한 다핵·연계형 발전과 해양리조트와 마리나 개발을 통한 동북아시아 휴양레저관광 거점으로의 육성을 도모하고 있다.

교통과 항만

동남권은 환태평양 시대 기간산업 및 물류 중심지를 비전으로 하며 환태평양 최고 수준의 물류 시스템과 교통 인프라 확충이 산업·

물류·관광의 신성장벨트를 뒷받침한다. 부산신항만 배후물류 산업단지를 조성하고 울산의 기간산업인 테크노산단을 성장거점으로 육성한다.

또한 복선전철화사업(부산~마산, 진주~광양)을 추진하고 있으며 동서8축고속도로(함양~울산)를 확충할 계획이며 동북아 제2허브공항을 건설과 광역권 성장을 위한 부산외곽순환도로가 구축 예정에 있다.

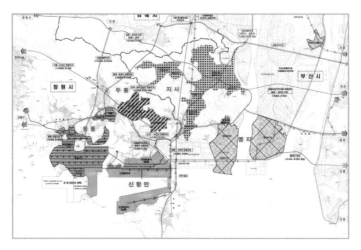

| 부산신항만 배후단지 개발계획도 [출처- BJFEZ]

부산신항만 배후단지는 부산광역시 강서구와 경상남도 창원시 진해구 일원에 17조 1,669억 원을 투입하여 총 면적 51.1㎢에 달하는 신항만 지역(물류·유통·국제업무), 명지 지역(국제비즈니스·주거· 물류·첨단

부품), 지사 지역(첨단생산·국제업무), 두동 지역(첨단생산·국제업무·주거·여가), 웅동 지역(여가· 휴양·첨단산업·주거) 등의 신항만 배후물류단지를 조성한다. 신항이 완공되는 2023년에는 총 45선석의 컨테이너 터미널과 연간 2,200만 TEU 이상의 물동량을 처리할 수 있는 동북아 물류거점항만으로 거듭날 것이다.

| 남해안고속화철도 노선도 [출처-국토교통부]

남해안 고속화철도(울산~부전~마산~진주~광양~순천~보성~목포)는 남해안 지역의 균형 발전과 국가경쟁력 강화를 위해 총 사업비 11조 3,000억 원을 투입하여 2025년까지 조성된다. 이 중 부산(부전)~마산(진례)구간은 사업비 1조 4,900억 원을 투입하여 오는 2020년 6월 개통할 예정이다.

남해안 고속철도가 완공되면 부산~목포 구간을 2시간 이내에 이동할 수 있으며 남해권역의 천혜관광자원과 조선, 해양, 제철, 화학 등 산업 및 해양관광클러스터 구축으로 지역 간 균형 발전을 도모할 수 있다. 1단계 구간(울산~부전~마산~진주~광양~순천)은 2021년 개통 예정이며 2단계 구간(순천~보성~목포)은 2023년까지 완공 예정이다. 순천 ~보성~광주송정을 연결하는 복선전철화사업이 2025년 완료되므로 남해안지역 발전의 중추적인 역할을 하게 될 것이다.

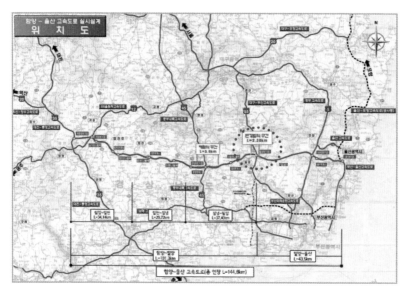

| 함양~울산고속도로 위치도 [출처-국토교통부]

경삼남도 서북부 내륙지역과 북동부지역, 울산광역시를 연결하

는 함양~울산 간 고속도로는 6조 1,100억 원을 투입하여 2024년 완공 예정이다. 이는 대전~통영고속도로, 광주~대구고속도로 3개의 고속도로를 연결하는 내륙교통망의 핵심 역할과 더불어 물류이송 및 관광산업으로 인한 지역 경제발전을 기대할 수 있을 것이다.

V. 대경권

　　대경권은 글로벌 지식경제 기반과 녹색성장 중심지로 도약하기 위해 첨단 융복합산업을 중심으로 R&D 및 신성장산업, 교육·학술 산업의 메카로 육성한다. 대구는 글로벌 지식경제의 중심지로써 대경권의 중추적인 역할을 하고, 국제적인 교육학술클러스터, 의료산업벨트, 지역 대학별 특성화를 통합하여 인력을 양성한다. 첨단산업도시권(김천·구미)은 IT기반 신산업밸리를 구축하며 대구도시권과 연계하여 경쟁력을 강화할 계획이다. 또한 동해안권(포항·경주·영덕·울진·울릉)을 과학·에너지산업 및 관광산업으로 육성하고 도청 신도시권은 경북의 행정중심도시로서 행정·교육·문화 등의 거점기능을 수행한다.

상대적으로 교통망이 취약한 경북의 북부 지역과 동해안 지역에 내륙과 동해안을 연결하는 동서5축고속도로(영주~울진), 동서6축고속도로(상주~안동~영덕), 남북6축고속도로(영천~청송~양구), 남북7축고속도로(울산~포항~영덕) 등 국가기간교통망을 확충했다. 더불어 88올림픽고속도로 확장, 대구(포항)~새만금 고속도로, 대구~포항 간 철도망, 동해남부선 및 중앙선 철도복선화, 영일만항 및 인입철도 등의 건설을 통해 지역 간 균형 발전 및 국가경쟁력을 강화할 계획이다.

또한 경주·동해안권은 관광휴양벨트, 경북 북부지역은 유교문화자원과 생태자원을 연계하여 녹색산업의 허브로 육성할 계획이다. 뿐만 아니라 내륙 관광활성화를 위해 동남권과 연계한 3대 문화권을 바탕으로 문화·생태관광산업의 기반을 조성하며 광역권 성장을 위한 대구4차순환도로를 구축할 예정이다.

대구4차순환도로(외곽순환고속도로)는 국가도로망 구축사업을 통해 대구·경북지역의 균형 발전을 목적으로 상인동~범물동~도동~읍내동~파호동~상인동을 순환하는 주요 간선도로이며 오는 2021년까지 총 사업비 1조 3,650억 원을 투입하여 총 63.7km의 전 구간을 완공할 예정이다. 4차순환도로가 완공되면 경부고속도로, 중앙고속도로, 중부내륙고속도로, 대구~부산고속도로와 연결되므로 접근성이

용이해지고 산업 물동량을 원활하게 처리할 수 있으므로 지역경제 활성화에 중추적인 역할을 할 것이다.

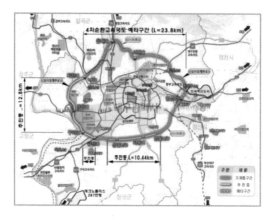

| 대구 4차 순환도로 노선도 [출처-대구광역시]

VI. 강원권

　　강원권은 아시아의 스위스로 도약하기 위해 동해안 지역의 에너지관광벨트, 남북교류접경벨트 등 광역개발권으로 발전하기 위한 기반을 구축하고, 에너지산업클러스터·관광·내륙첨단산업 등의 신성장 거점으로 육성한다. 더불어 수도권 배후산업 성장축, 환동해권의 관광·교역축, 첨단소재 산업축, 백두대간 생태축, 접경지역 한민족평화축, 남부권 고원관광휴양축 6대 특성화축 중심의 지역특화 발전을 추진한다.

　　교육연구도시의 춘천권과 의료기기산업의 메카인 원주, 의료관광의 거점인 강릉권을 연계한 네트워크 구축을 통해 저탄소 녹색도시화도 추진한다. 또한 의료기기 기반시설과 연계하여 의료특구도시, 원주~강릉 간 복선철도를 구축하고 DMZ 생태관광벨트 조성 등 10개의 핵심 프로젝트를 추진하고 있으며 설악~금강 구간을 관광특구로 조성한다.

사업

강원권의 지역전략사업인 미래형 첨단의료기기산업, 생물의약소재 및 해양바이오산업, 세라믹부품, 방재산업을 특성화하고 동해안 수소·연료전지 신에너지산업과 강원 남부 태양광클러스터, 풍력발전산업을 육성하여 그린에너지 특화산업단지로 조성할 것이다. 이 밖에도 지역 가치를 창출하는 특성화 전략을 추진하고 의료관광, MICE산업, 크루즈관광을 조성하여 동아시아 관광허브로 도약할 계획이다.

또한 의약바이오산업벨트(춘천~홍천), 농축산바이오벨트(평창~횡성~철원), 농업바이오벨트(철원~화천~양구~인제~고성), 해양바이오벨트(동해안 전지역) 등의 바이오벨트와 첨단의료기기산업벨트(원주~횡성), 신소재벨트(강릉~포항), 플라즈마산업벨트(철원~경기북부)를 첨산산업벨트를 구축한다. 더불어 에너지산업벨트(삼척~경북, 울진~경주), 신재생에너지벨트(삼척~태백~영월~정선)와 환동해 경제권을 주도할 환동해 물류산업벨트(강릉~동해~삼척)를 통해 10대 산업벨트를 형성한다.

교통

강원권은 관광산업의 기반을 구축하기 위하여 동서고속도로(서울~춘천~양양)와 동해고속도로(동해~삼척, 주문진~속초)를 건설했으며 내륙 간 산업 물동량 처리를 원활하게 하기 위하여 제2영동고속도로(광주~원주)를 개통했다. 뿐만 아니라 수도권과 강원권을 연결하는 총 120.7km 규모의 원주~강릉 간 철도에 총 사업비 3조 7,597억 원을 투입하여 지역경제 활성화를 도모하고 있다.

동서고속화철도는 수도권과 강원 동해 북부 지역의 교통물류망 구축과 수도권 접근성 향상을 통해 관광산업의 활성화를 목표로 하고 있다. 춘천~화천~양구~인제~속초를 연결하는 동서고속화철도에는 시속 250km급의 고속철이 투입될 예정으로 이를 통해 서울(용산)~속초는 1시간 15분대, 인천국제공항~속초는 1시간 50분대로 주파할 수 있게 된다.

이로 인해 수도권과 강원 북부 지역과 동해 북부권과의 인적·물적 교류가 활발해지고 강원 지역에 국내외 대규모 관광객이 유입되어 지역 경제 발전에 크게 기여할 것이다. 총 사업비 2조 1000억 원을 투입하는 총 94km 규모의 동서고속화철도는 오는 2025년 개통을 목표로 추진하고 있으며 향후 역세권개발 및 속초항, 양양 국제공항 등과 연계하여 국가경쟁력을 강화할 계획이다.

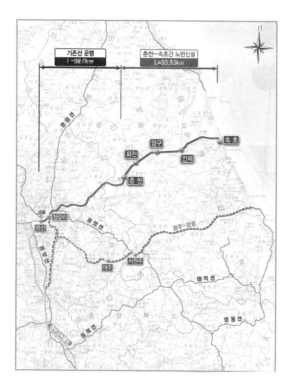

| 동서고속화철도 노선도 [출처-국토교통부]

한반도 종단철도(TKR)와 시베리아 횡단철도(TSR)를 통해 환동해

연안국 경제블록형성에 대비하여 수송체계를 확충하고 물류기반을 조성한다. 또한 동서고속도로, 동해고속도로, 제2영동고속도로, 중앙 고속도로 철원연장, 구리~포천 간 민자고속도로, 강화~고성 간 고속 도로를 추진을 통하여 광역교통망을 확충한다. 또한 양양국제공항의 국내외 항공노선 유치를 통해 환동해 전진기지로 육성할 계획이며, 묵호항·속초항·호산항의 개발을 통해 강원권을 국제관광 거점항만 으로 육성한다.

VII. 제주권

글로벌 제주

제주권은 수려한 자연경관으로 세계 자연유산에 등재되어 국제교류와 관광산업의 메카로 거듭나며 대한민국 경제성장에 크게 기여하고 있다. 제주시는 국제교류·R&D 및 교육의 중심지, 서귀포시는 관광휴양중심지로 육성한다.

현재 제주권은 혁신도시와 영어교육도시, 중문관광단지, 평화연구센터, 신화역사공원 등을 통한 국제교류 클러스터 구축으로 도내 균형 발전을 도모하고 있다. 또한 기후에 영향을 받지 않는 복합리조트 개발과 MICE산업을 육성하고 글로벌 수준의 관광 서비스를 제공한다. 최근 국제자유도시의 핵심 전략 프로젝트인 영어교육도시, 헬스케어타운, 신화역사공원, 휴양형 주거단지 등이 성공적으로 추진됨에 따라 국제자유도시로의 기반을 잡고 있다.

국제자유도시의 원활한 교류를 위해 제주국제공항의 국제선을 확대하고 마리나, 크루즈 기반시설을 확충하여 남해안선벨트와 연계한 상생발전을 도모하고 있으며, 골프·승마·요트 등의 고부가 가치 국제휴양 관광산업을 육성하고 있다. 세계 15위권 컨벤션 개최지로 도약하기 위한 ICC 확충, 리조트형 MICE산업, 국제 R&D 연구센터 및 국제 비즈니스산업을 육성하고 있다. 양식단지 조성, 미래형 해양자원개발 연구단지 조성, 신재생에너지(풍력·파력)을 개발하고 해양과학관 등의 시설 확충을 통한 사계절 해양관광산업 개발을 목표로 추진하고 있다.

제주권은 아시아 최고 수준의 국제자유도시를 발전 비전으로 하여 고품격 관광레저산업을 집중 육성하고 기반사업을 확충해나갈 계획이다. 서귀포 크루즈항을 중심으로 체류형 해양레저관광의 기반을 다지고 해양과학관의 수요를 창출할 수 있는 관광시설을 조성한다. 또한 국제자유도시의 기반을 형성하기 위해 영어교육도시를 조성하고 제주공항을 중심으로 항공운송능력 확충을 추진한다.

제주영어교육도시

| 제주영어교육도시 조감도 [출처-제주특별자치도]

　　서귀포시 대정읍 일원에 위치한 제주영어교육도시는 제주 국제자유도시의 핵심 프로젝트로 그 규모는 약 115만 평에 달한다. 7개의 국제학교, 주거상업시설, 영어교육센터, 교육문화예술단지, 외국교육기관 등을 2021년까지 조성할 계획이다. 제주영어교육도시에는 영국 명문사립학교(North London Collegiate School Jeju), 공립국제학교(Korea International School), 캐나다 명문학교(Branksome Hall Asia), 미국 명문사립학교(St. Johnsbury Academy Jeju) 등이 개교했으며 최근 국제학교 설립 MOU를 체결함에 따라 싱가포르 ACS 국제학교, 홍콩 라이프트리 국제학교가 추가로 조성될 예정이다.

이러한 국책사업들을 광역권별로 구분하여 나열한 이유는 이처럼 광역경제권별 선도프로젝트의 본격적 추진에 따라 사업이 진행되는 지역의 땅값이 꾸준히 상승하고 있기 때문이다. 누군가는 이러한 개발계획을 미리 확인하고 땅을 선점하여 엄청난 부를 이루고 있는 반면 아직까지도 계획들이 있는지조차 모르는 사람도 많다. 예산을 얼마나 투입하여 언제까지 개발할 것인지 미리 발표해 놓았는데도 말이다.

땅에 경험이 많은 투자자들은 국가계획을 먼저 확인하고 사업 예정 기간과 개발이 진행되는 상황에 따라 적절하게 투자 타이밍을 잡아 수익을 올리고 있다. 개발사업이 진행되는 곳의 땅값이 오르는 것은 분명한 사실이기 때문이다. 이 말은 국가가 진행하는 개발계획에 관심을 갖고 남들보다 한발 앞서 투자를 시작한다면 실패할 일이 없다는 얘기다. 땅에 투자하여 돈을 벌지 못한 사람은 운이 없었던 것이 아니다. 이러한 계획을 확인하여 투자하는 방법을 몰랐던 것이다.

2019 국가균형 발전 프로젝트로 투자처를 선점하라

　　인구 과밀화 현상으로 수도권에 기업과 일자리가 집중되어 상대적으로 교통 인프라가 취약하고 인구 비율이 적은 지방권은 개발사업 및 예비타당성 조사가 원활하게 이루어지지 않는 악순환이 지속되고 있다. 정부는 이를 해결할 방안으로 지역 간 전략사업을 바탕으로 핵심 인프라를 구축하고 국가차원의 종합적인 투자를 통해 자립적인 성장발판을 마련할 수 있는 대규모 국가균형 발전 프로젝트를 발표했다. 서울 및 수도권지역을 제외한 전국 16개 지역에 총 24조 1,000억 원을 투입하여 철도, 도로, 산업단지조성 등 현재 23개의 사업에 예비타당성 조사 면제가 확정되었다. 이는 각 지자체에서 원하는 사업들을 빠른 시기에 추진할 수 있는 요건을 충족해주기 위함이다.

국가균형 발전 프로젝트는 연구개발(R&D) 투자를 통한 지역전략 산업 육성, 지역산업을 뒷받침 할 수 있는 도로·철도 등의 교통 인프라 확충, 전국을 반나절 생활권으로 연결하는 광역교통·물류망조성, 지역주민 생활권 개선 네 가지 영역으로 구분되며, 선정된 사업을 아래에 열거해보겠다.

전북–상용차 산업 혁신성장 및 미래형 산업생태계구축(2000억 원), 광주–인공지능중심의 산업융합 집적단지 조성(4000억 원), 전남–수산식품수출단지 조성(1000억 원), 지역특화산업육성(1조 9000억 원), 스마트 특성화 기반 구축(1조 원) 등 — 연구개발사업(R&D) 총 3조 6000억 원

충남–석문산단 인입철도(9000억 원), 대구산업선철도(1조 1000억 원), 울산외곽순환도로(8000억 원), 서남해안관광도로(1조 원), 영종~신도 평화도로(1000억 원), 새만금국제공항(8000억 원) 등 — 지역산업 인프라 확충 총 5조 7000억 원

남부내륙철도(4조 7000억 원), 충북선 철도고속화(1조 5000억 원), 세종~청주고속도로(8000억 원), 제2경춘국도(9000억 원), 평택

~오송 복선화(3조 1000억 원)등 ― 광역교통. 물류망 구축 총 사업
비 10조 9000억 원

공공 하수 처리시설(4000억 원), 산재전문 공공병원(2000억
원), 대전도시철도2호선(7000억 원), 도봉산포천선(1조 원), 동해선
단선전철화(4000억 원), 국도 위험구간 개선(1조 2000억 원) 등 ―
지역주민의 생활권 개선 3조 9000억 원

이렇듯 부동산 정보는 관심만 갖고 있다면 누구든지 얻을 수 있
다. 앞서 땅 투자에 관심을 갖고 있는 사람들에게 정부에서 계획하고
추진하는 국책사업을 눈여겨보라고 수차례 강조했다. 국가에서 발표
한 개발계획을 면밀히 검토하고 도로. 철도망, 산업단지, 관광사업 등
이 진행되는 지역에 투자한다면 개발사업이 진행됨에 따라 변하는
땅값을 직접 확인하며 자연스레 땅 투자의 매력을 알게 될 것이다.

최근 정부에서 발표한 2019 국가균형 발전 프로젝트에 주목하
라. 더 이상 무엇이 더 필요하겠는가? 계획과 안목이 확실하다면 실
패할 확률은 0%이다.

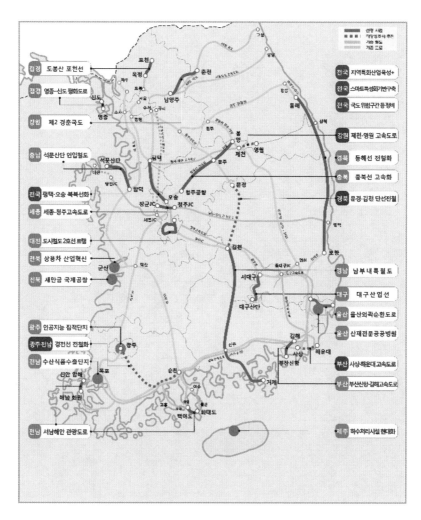

| 국토균형 발전 프로젝트 [출처-기획재정부]

PART 4

실전에서
이것만은 기억해라

나에게 맞는
자금설계를 고민하라

서류와 국가계획을 검토할 수 있게 됐다고 해서 무조건 큰 이익을 볼 수 있을 거라고 생각했다면 오산이다. 그렇다면 투자를 시작하기 전에 또 무엇을 준비해야 하는가? 바로 내가 보유한 자산과 부채율을 확인하여 가장 효율적으로 자금을 융통할 수 있는 방법을 선택하는 **자금설계**이다.

땅 투자는 기다림이 필요한 재테크이다. 오늘 투자해서 내일 돈이 된다고 해도 즉시 현금화할 수 없다는 얘기다. 부동산은 취득할 때, 보유할 때 그리고 처분할 때에도 부대비용과 세금이 부과되기 때문에 적어도 3~5년은 염두에 두고 투자해야 한다. 그러므로 땅에 투자하려면 몇 년 동안 보유할 것인지, 부채를 감당할 만한 여건이 되는지, 생활에 지장은 없는지 등을 꼼꼼히 따져보고 효율적으로 자금을 융통할 계획을 세워야 놓아야 한다.

예를 들어 본인이 융통할 수 있는 보유자금이 1억이라고 가정해 보자. 3억짜리 땅을 매입하기 위해 무리하게 2억을 대출을 받아서 10년 동안 보유하고 있다가 수익을 봤다. 그러나 10년 동안 부채상환을 감당하기가 어려웠거나 생활에 지장이 있었다면 이는 결코 좋은 투자라 볼 수 없다. 그러므로 좋은 기회가 생겼다고 하여 무리하게 땅을 매입하기보다는 본인에게 맞는 자금계획을 세워놓는 것이 투자보다 우선이다.

나의 본업을 떠나서 생각해봐도 이미 인구 고령화가 진행되고 있는 지금, 부동산 투자는 선택이 아닌 필수다. 특히 부동산 중에서도 토지 시장에 관심을 가져야 하는 이유는 바로 100세 시대를 위한 노후대비 때문이다. 땅 투자는 다른 재테크에 비해 안전하게 높은 수익을 기대할 수 있다. 젊은 시절에 아무런 노후대비를 하지 않다가 정년이 되어서야 무언가를 시작해보려 한다면 이미 늦었다. 지금부터 적극적으로 움직여야 한다.

많은 이들이 퇴직할 시기가 되어서야 뒤늦게 부동산에 관심을 갖는다. 그러나 땅은 장기적으로 생각해야 하는 시간투자이다. 그렇기 때문에 정년 퇴직에 임박해 투자를 시작한다면 높은 수익을 보더라도 자금을 활용하거나 수익금을 분배하여 재투자할 시간이 턱없이 부족하다. 뒤늦게 후회하더라도 시간을 되돌릴 수는 없다. 한 살이라도 더 젊을 때 땅에 관심을 갖고 투자를 시작해야 한다.

그동안 여러 고객들을 만났다. 그들 대부분이 젊었을 땐 목돈이 없어서, 결혼 후에는 생활비와 아이들 교육비, 내 집 마련 때문에 투자할 여유가 없었다고 한다. 게다가 땅 투자는 본인과는 전혀 상관없는 것이라 생각해 방법조차 몰랐다. 결코 남 얘기가 아니다. 어쩌면 지금 이 책을 읽고 있는 당신의 고민이었을 수도 있다.

세미나를 진행한 이유에도, 이 책을 쓰리라 마음먹은 이유에도 이런 부분들이 크게 작용했다. 누구나 높은 수익을 볼 수 있음에도 불구하고 방법을 모르고 있다거나 잘못된 투자를 하고 있기 때문이다. 하지만 적어도 이 책을 읽은 사람들은 잘못된 투자를 하지 않을 것이라고 믿는다. 앞서 수차례 확인했듯이 부동산 투자는 누구나 할 수 있다. 중요한 것은 목돈이 아니라 관심이기 때문이다.

언젠가 분명히 좋은 투자의 기회가 온다. 그 기회를 잡기 위해서는 항상 투자를 결정할 수 있는 준비가 되어 있어야 한다. 본인이 보유하고 있는 자금을 적절하게 분배하여 노후를 위해 얼마나 투자할 수 있는지 계획을 미리 세워놓아야 한다는 말이다. 땅 투자는 장기적인 관점으로 봐야하므로 여유자금으로 하는 것이 가장 좋다. 아무리 확실한 정보라고 해도 사업 기간과 같은 변수가 생길 수도 있기 때문이다.

아직 젊다면 조금이라도 더 일찍 노후준비를 시작하는 것이 좋다. 은행에 꾸준히 저축하는 것이 노후대비의 전부가 아니다. 우리나라는 평균적으로 50세 이상이 되면 뚜렷한 직업을 얻기가 힘들어 수입이 없어지기 마련이다. 그러므로 한 살이라도 더 젊을 때 재테크에 관심을 갖고 자산관리를 해야 노후에 안정적인 생활을 영위해 나갈 수 있다.

땅의 신분, 용도를 확인하라

이쯤되면 이 질문에 대한 대답이 자동으로 떠올라야 한다. 토지 투자의 핵심은 뭐다? 용도!

현장에 방문했을 때 아파트, 상가, 원룸, 오피스텔은 이미 주변 상황이나 미래 가치를 어느 정도 알 수 있을 만큼 도시가 갖추어진 상태이므로 예측이 가능하지만 땅은 아니다. 대부분 원형지에 투자하기 때문에 서류를 확인하지 않은 채 땅 모양만 보고 투자를 시작한다면 큰 낭패를 볼 수 있다.

세미나에 참석한 분들 중에도 이런 경우가 많았다. 토지에 관심은 많지만 어디서부터 어떻게 접근해야 하는지를 모르고 막연하게 투자를 시작한 것이다. 세미나가 끝날 무렵 한 분이 '제가 지인소개로 땅을 샀는데 봐줄 수 있습니까?'라며 질문을 했다. 모두가 있는 자리에서 토지이용계획확인서를 열람하여 검토해보았다. 농림지역 중에서도 농업진흥구역 절대농지였다. 농가주택이나 농업에 필요한 시설을 짓기 위한 건축 허가마저 까다롭고 농사 외에는 이용·개발에 따른 규제 사항이 많은, 한 마디로 투자가치가 낮은 땅이었다.

질문을 한 사람은 절대 그럴 일이 없다며 이 땅 주변에 산업단지와 고속철도역이 들어서 역세권 상업지로 변경될 거란 말을 듣고 투자를 했다고 말했다. 그가 현장에 가서 확인해봤을 때도 개발사업이 활발하게 진행되고 있었고, 산업단지와 고속철도역이 멀지 않아서 투자가치가 있어 보였다고 하여 되물었다.

"혹시 계약서를 작성할 당시에 관련 서류를 확인해보셨나요? 그리고 토지이용계획확인서에 이 땅이 농림지역으로 기재되어있다는 설명은 받으셨나요?"

그는 땅을 분양하던 회사에서 이런 서류는 보여주지 않았고 현장에서 땅을 보여주며 앞으로 좋아질 것이라는 것만 설명해줬다고 말했다. 그래서 소개해준 지인을 믿고 거금을 투자했다고. 정말 안타까운 일이다. 역세권 개발구역과 10km 이상 떨어진 지역이었고 주변 지역에는 도시계획은커녕 어떠한 개발 호재도 없었다. 이 지역에 개발 호재가 많긴 했지만 해당 토지와 직접적인 관련은 없었다. 서류만 확인했더라도 충분히 피할 수 있는 위험이었다.

이처럼 땅의 용도를 확인하지 않는다면 투자에 실패할 확률이 높다. 특히 기획부동산이나 경매회사에 속아 개발이 되지 않거나 시세보다 현저히 높은 금액의 땅에 투자하는 경우가 생기기 마련이다. 그러므로 항상 용도를 확인하는 습관을 길러야 한다.

서류를 수없이 강조한 이유는 할 말이 없어서가 아니다. 이것보다 더 중요한 부분은 없기 때문에 어떻게든 기억하게 만들려는 것이다. 서류를 분석할 수 있는 **안목, 토지이용계획확인서, 용도.** 명심하길 바란다.

도시계획을 확인하여
투자 타이밍을 잡아라

　　각 지자체의 도시개발계획은 국토종합계획을 바탕으로 하여 도종합계획 → 광역도시계획 → 도시기본계획 → 도시관리계획의 순서로 수립된다. 그러므로 보다 더 정확한 정보, 높은 수익을 위해 반드시 국토종합계획을 검토해야 한다. 이러한 계획들을 통해 해당 지역의 개발방향을 정확하게 확인할 수 있으며 5~10년 후의 미래가치성을 판단하고 접근한다면 최적의 투자 타이밍을 잡을 수 있다. 또한 경제 시장의 흐름과 정부의 부동산 정책 등을 함께 고려하는 것이 좋다.

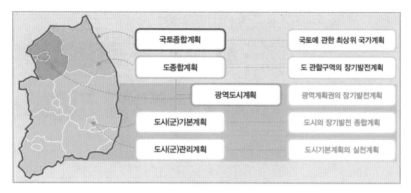

| 국토계획 체계도 [출처-국토교통부]

각 지자체에서 발표한 도시계획을 확인해보면 무엇이 어디에 어떻게 만들어질 것인지, 개발될 지역과 개발 계획이 없는 지역은 어디인지 확인할 수 있기 때문에 본인이 잘 알지 못하거나 거리가 먼 지역이라고 해서 투자를 꺼릴 필요가 없다.

이처럼 땅 투자는 누구나 할 수 있는 일인데 사람들은 자신의 잘 알고 있는 지역이나 살고 있는 곳과 가까운 지역에만 투자하려 하는 경향이 있다. 그럴 거면 왜 땅에 투자하는가? 투자의 이유가 돈을 벌기 위함이라면 핑계대기는 그만 두고 수익을 볼 수 있는 지역을 선택해야 한다. 정확한 정보 분석도 중요하지만 좋은 타이밍을 판단하고 과감하게 결정하는 결단력도 중요하다.

당신은 아파트를 분양받을 때 어떻게 접근하고 있는가? 아파트가 지어질 땅을 굳이 눈으로 확인하고 투자를 결정하는 사람은 없을 것이다. 분양 발표가 나기 전에 언론이나 부동산 업자들이 사업 내용을 공유하면 관련 자료를 보고 관심을 갖기 시작하는 것이 대부분이다. 뜨거운 관심 속에 모델하우스가 오픈하면 많은 사람들이 몇 시간씩 줄을 서 기다린다. 어떤 모습으로 아파트 단지가 형성되는지 나타내는 전체 조감도는 물론이고 평형대별 구조와 옵션까지 확인할 수 있기 때문이다. 뿐만 아니라 주변의 병원이나 대형마트 등의 생활권, 인접한 학군, 교통편을 꼼꼼히 따져볼 수 있다. 즉, 아직 짓지도 않은 아파트에 대한 '몇 년까지 완공할 예정이고 주변의 어떠한 개발 호재로 인해 편리한 생활권이 갖춰질 것이다'라는 계획만 믿고 분양을 받고 있는 것이다.

아파트 분양과 땅 투자는 크게 다르지 않다. 도시계획은 쉽게 말하자면 모델하우스와 같다. '어떤 사업 대상지에 사업비 얼마를 투입하여 몇 년까지 도시를 만들 계획이다. 교통·도로망은 어떻게 구축되며, 공간구조와 주변 환경, 생활권을 이렇게 조성할 계획이다'라는 것이 명시되어 있기 때문이다.

도시계획을 살펴봐야 하는 또 다른 이유는 이 개발사업이 언제까지 추진되는지 알 수 있기 때문이다. 이를 통해 내가 투자한 땅의 환금성과 투자 기간을 어느 정도 예측할 수 있으므로 자금계획을 적절하게 세울 수 있다. 다만 도시계획이 잡혀있는 땅일지라도 인구가 유입되지 않는다면 사업 기간이 장기화될 수 있다는 점을 유의해야 한다.

도시계획은 해당 지방자치단체 홈페이지 또는 도시계획정보서비스(http://upis.go.kr)에서 확인할 수 있다.

도시계획정보서비스 UPIS 홈페이지

실거래가를
반드시 확인하라

서류를 정확히 분석할 줄 알고 땅을 구분할 수 있는 안목이 있는 사람도 가끔 실패하곤 한다. 뭔가 중요한 것을 놓치고 있기 때문이다. 국토종합계획을 검토하고 도시계획을 확인한 뒤 선정한 투자처의 토지이용계획확인서를 통해 땅의 신분, 모양, 입지, 용도, 주변호재 등을 확인하고 자금을 투입한다. 그런데도 실패한다면 이유는 **실거래가**를 확인하지 않았기 때문이다.

실거래가는 정말 중요한 투자 요소이다. 땅을 잘 모르고 투자를 할 경우에도 비싸게 사거나 속을 일이 없으며 내가 알지 못하는 지역이라도 현재 얼마에 거래되고 있는지 확인해볼 수 있다. 하지만 이를 악용하는 일부 부동산 업자들은 매도·매수 호가를 조정하여 안정자금을 만들기 위해 실거래가를 확인시켜주지 않기도 한다. 특히나 기획부동산, 경매회사에서는 토지이용계획확인서는 물론이고 실거래가는 얘기조차 꺼내지 않는다. 비싸게 분양하기 위해서이다.

어느 날 세미나를 들으러 왔던 분이 3년 전 친척이 소개로 기획부동산에서 매입한 120평의 땅이 있다며 지번을 적어 건넸다. 토지이용계획확인서를 열람하여 검토하니 '도시지역, 제1종 일반주거지역'이고 도시계획은 물론 2차선 계획도로까지 접해있는 아주 좋은 땅이었다.

잠시지만 '기획부동산에서 나쁜 땅만 파는 것은 아니구나'라고 생각했다. 그간 너무 색안경을 끼고 바라본 것은 아닌지 반성하며 혹시 이 땅을 얼마에 매입하셨는지 물었다가 깜짝 놀라고 말았다. 해당 토지는 '도시지역, 제1종 일반주거지역'으로 현재 평당 50~60만 원대에 실거래가가 형성되어있는데 그가 매입한 가격은 평당 230만 원이었다. 3년이나 지난 현재 시세보다 4~5배 높은 금액에 투자를 시작한 셈이다. 기가 막힐 노릇이다.

도시계획이 잡혀있고 주변에 개발 호재도 많은 '도시지역, 제1종 일반주거지역'이라 가치성이 높은 땅이니 앞으로 3년 안에 3~5

배 오를 것이라는 설명을 듣고 투자했다고 한다. 맞는 말이다. 그럼에도 실패한 이유는 실거래가를 확인하지 않았기 때문이다. 현재 시세로도 6천만 원이면 매입할 수 있는 땅을 3년 전에 2억 7천 6백만 원에 매입했으니 말이다.

개발계획이 잡혀있는 좋은 땅이고 미래 가치가 있는 땅이면 뭐하나? 2억 이상을 손해보면서 투자를 시작했는데! 몇 년 후에 도시계획에 따라 개발사업이 진행되더라도 오랫동안 2억 이상의 기회비용이 묶여있었다는 것과 너무 높은 금액으로 시작한 탓에 투자 원금을 찾을 수나 있을지 미지수라는 손해를 떠안았다.

투자를 결정하기 전에 실거래가만 확인했어도 피할 수 있는 위험이었는데 당사자는 생각조차 못했다. 어떤 것을 확인해야 하는지 모르니 부동산 업자들이 보여주는 서류와 설명에 속아 넘어간 것이다.

이것이 바로 내가 기본을 공부하라고 강조하는 이유이다. 아직까지도 투자를 잘 몰라 건축도 안 되는 땅을 사거나, 비싸게 사거나, 평생 자금을 움직일 수 없는 땅에 투자해 손실을 보는 사람들이 많다. 그러나 막상 기본을 가르쳐주면 당연한 소리라며 흘려듣는다. 그들이 궁금한 것은 오직 돈을 벌 수 있는 지역과 투자처 뿐이다. 이것이 좋은 점수를 바라면서 공부는 하지도 않고 정답을 내놓으라는 것과 뭐가 다른가? 돈을 벌 수 있는 투자처를 알려준다고 하더라도 서류를 보는 방법, 땅의 신분을 확인하는 방법을 스스로 알지 못한다면 어떻게 판단하고 접근할 것인가? 이런 투자는 실패할 확률이 높다. 그러므로 **토지이용계획서, 도시기본계획, 실거래가** 정도는 꼭 확인해 투자 리스크를 최소화하자.

도시계획정보서비스 UPIS 홈페이지

도시개발사업방식을
검토하라

도시개발사업이란 계획적이고 체계적인 도시개발이 필요한 지역에 주거, 상업, 산업, 유통, 정보통신, 생태, 문화, 보건 및 복지 등의 기능을 갖춘 단지 또는 시가지를 조성하기 위한 사업을 의미한다. 도시개발사업방식은 크게 **수용방식, 환지방식, 혼용방식** 세 가지로 나뉜다. 도시개발구역의 지정 대상 지역 및 규모는 주거·상업·자연녹지·생산녹지지역 1만m^2, 공업지역 3만m^2, 도시지역 외의 지역은 30만m^2 이상이다. 다만 계획적인 도시개발이 필요하다고 인정되는 취락지구, 개발진흥지구, 지구단위계획구역 등은 면적 제한을 적용하지 않는다.

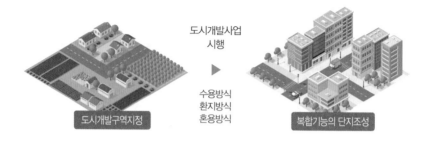

수용방식이란 공공사업에 필요한 토지에 대하여 협의취득이 불가능한 경우 보상을 전제로 사업 시행자가 소유권을 강제로 취득하는 것을 의미한다. 즉, 도시개발사업이 진행되면 국가 및 지방단체, 정부투자기관 등의 사업 시행자가 협의매수 또는 강제수용의 방법으로 사업지구 내에 있는 토지의 소유권을 전부 취득한다. 공적 주체가 토지의 소유권을 전부 취득하기 때문에 종전의 토지 소유자의 권리는 모두 소멸된다.

수용방식은 사업 기간이 단축되고 사업 시행자의 의도대로 개발할 수 있다는 이점이 있으나 토지 보상에 따른 초기 사업비가 많이 투입되며 사업을 시행자에게 이익이 집중된다는 단점이 있다. 주로 신도시나 대규모 택지개발사업의 경우에 수용개발방식이 사용된다.

사업 시행자는 토지를 취득하여 개발하기 위해 종전의 토지 소유자에게 보상금을 지급하게 된다. 토지 보상금은 2개의 감정평가기관이 수용 대상 토지의 개별적인 특성을 비교하여 평가한 가격(감정평가액)을 산술평균하여 결정된다. 협의매수를 진행할 시 수용평가 금액이 시행자가 제시한 보상금보다 낮을 경우에는 당초 협의했던 가격으로 보상금을 결정하게 되지만 당해 공익사업으로 인하여 상승된 지가(개발 이익이나 투기 가격)는 보상금에서 제외된다.

수용방식으로 개발사업이 진행되는 지역의 건물이나 기타 지상물의 이전 비용을 따로 보상하는 것이 원칙이며 만약 이전 비용이 취득가격을 초과하거나 이전이 불가능한 경우는 취득가격으로 보상하고 있다. 이 밖에도 영업보상, 휴업보상, 폐업보상, 권리 및 기타보상 등이 있다. 사업지구 내에 편입된 농지에 대해서는 연간 농가 평균 농작물 수입의 2년분을 영농손실액으로 보상하며, 허가 없이 개간한 토지나 농지가 아닌 토지를 불법으로 경작한 경우는 보상 대상이 되지 않는다.

또한 농지의 소유자와 실제로 경작하는 자가 다른 경우에 농지의 소유자가 당해 지역에 거주하는 농민인 경우에만 서로 협의하는 바에 따라 보상금을 지급하고 있으며, 거주하지 않는 농민인 경우에는 실제로 경작하고 있는 자에게 보상금을 지급한다. 그러므로 수용방식으로 개발사업이 진행되는 토지에 뒤늦게 비싼 가격으로 투자한 사람은 오히려 손해를 볼 수 있다.

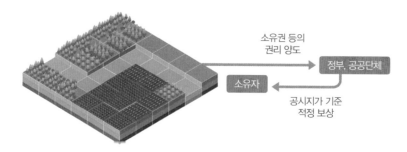

| 수용개발방식 [출처-서울시 도시계획포털]

환지방식이란 토지 소유자에게 토지 보상금을 지급하는 대신 땅을 돌려주는 방식을 의미한다. 즉, 개발사업을 진행할 때 사업지구 내토지 소유자의 소유권, 권리를 사업 시행자로 변동시키지 않고 사업을시행하기 전과 후의 토지의 위치, 면적, 이용 상황 등을 고려하여 종전의 토지 소유권을 사업이 완료된 토지에 이전시키는 방식이다.

도시개발법상 공공시설의 설치 및 변경이 필요하거나 개발지역의 땅값이 인근보다 현저히 높아 보상금을 책정하기 어려울 때 환지개발방식을 사용하고 있다. 특히 환지방식은 보상금을 지급하지 않기 때문에 초기 사업비가 적게 들고 종전의 토지 소유자에게 이익이

고스란히 돌아간다.

환지방식으로 개발계획을 수립하려면 사업지구 내 토지면적의 2/3 이상에 해당하는 토지 소유자와 그 지역의 토지 소유자 총수의 1/2 이상의 동의를 받아야 한다. 또한 면적을 조정할 특별한 필요가 있는 경우, 면적이 작은 토지는 과소필지가 되지 않도록 면적을 늘려서 환지를 정하거나 환지 대상에서 제외할 수 있으며, 면적이 넓은 토지는 그 면적을 줄여서 환지를 정할 수 있다.

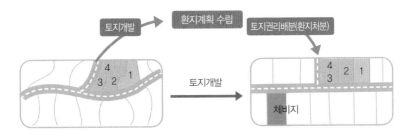

| 환지개발방식 [출처-서울시 도시계획포털]

사업 시행자는 토지구획정리사업에서 공공용지를 확보하고 공사비용을 충당하기 위해 비율대로 토지를 공출받는데 이를 감보율이라 한다. 감보율을 적용하고 사업계획서에서 정한 목적으로 사용하기 위해 일정한 토지를 정하고 처분할 수 있는데 이는 보류지라고 한다. 예를 들면 토지 면적 $1,000m^2$ 를 보유한 소유자가 환지개발사업

이 진행된 후 $800m^2$ 면적의 토지를 돌려받았다면 보류지로 체납한 땅의 면적은 $200m^2$이고 감보율은 20%가 되는 것이다.

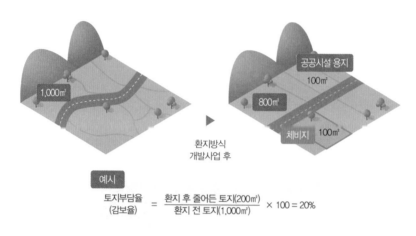

| 감보율 [출처-서울시 도시계획포털]

또한 공동시설물을 설치하기 위한 용지로 사용하는 토지를 제외하고 사업 시행자가 개발사업에 대한 필요 경비를 충당하기 위해 매각 처분할 수 있는 토지를 정하는데 이를 체비지라 한다. 토지구획정리사업이나 재개발사업을 시행할 때 과소 토지가 되는 것을 방지하기 위해 토지를 소유하고 있는 자의 동의를 얻어 개발사업을 진행한 후 토지로 돌려주는 대신 신축되는 건축물의 일부와 그 부지의 공유지분을 토지 소유자에게 보상하는 입체 환지방식도 있다.

혼용방식이란 수용방식과 환지방식을 같이 채용하여 개발하는 방식을 의미한다. 각 방식의 장점을 활용할 수 있다는 이점이 있으나, 수용방식과 환지방식의 차이점으로 인해 토지 소유자의 반발을 불러일으킬 수 있다.

농림지역·개발제한구역, 피하는 게 상책

투자한 자금이 오랫동안 묶였거나 큰 손해를 본 사례 중 가장 많은 것은 농림지역이나 개발제한구역(그린벨트)에 투자한 경우이다. 무조건 개발이 안 된다는 얘기가 아니라 개발가능성이 매우 희박하고 설령 개발이 된다고 할지라도 이익을 기대하기 힘들다는 얘기다. 언제 개발이 될지도 모르는 땅에 자금을 투자하고 전전긍긍할 필요가 있는가? 저평가되었지만 수익을 볼 수 있는 땅이 차고 넘치는데 말이다. 본인의 소중한 자금을 운에 맡기지 마라.

피해야 하는 농림지역은 지목상 '농지'가 아니라 용도상 '농림지역'이다. 농림지역은 농지법에 따른 농업진흥지역 또는 산지관리법에 따른 보전산지로 농림업을 진흥시키고 산림을 보전하기 위하여 필요한 지역이다. 농림지역 중 농업진흥지역 및 보전산지, 초지로 지정된 지역은 규제가 까다로우며 강력한 행위제한을 받는다. 가령 농업진흥지역의 농업진흥지구로 지정된 경우, 일반적으로 농업생산 또는 농지개량과 직접적으로 관련없는 토지이용행위를 할 수 없도록 되어 있다. 개발될 가능성이 희박하다는 것이다.

'농림지가 주거지(혹은 상업지)로 변경됩니다.'

부동산 업자들의 단골 멘트이다. 이런 말이 생긴 이유는 그저 논밭이나 허허벌판이었던 곳에 아파트가 들어서고 상가 밀집 지역으로 개발되는 일이 잦았기 때문이다.

하지만 업자들의 말에 속아넘어간 이들이 간과한 것이 있다. 이는 하루아침에 땅의 쓰임새가 바뀐 것이 아니다. 현재 땅의 쓰임새를 확인시켜주는 지목은 전·답일지라도 향후에 개발되어 사용될 용도가 '상업지역·제1종·2종·3종 일반주거지역'으로 미리 지정되어 있었던 것이다. 이를 알 리 없는 사람들이 '비교적 저렴하게 많은 토지를 보유할 수 있는 농림지에 투자해야 돈이 되는구나'라는 안일한 생각을 하는 것이다.

개발제한구역도 마찬가지다. 말 그대로 개발을 제한하는 구역,

개발하지 말라는 얘기다. 도시의 무질서한 확산을 방지하고 개발행위를 제한하는 것이 목적이므로 개발제한구역으로 지정된 지역에서는 건축, 용도변경, 공작물 설치, 토지 형질변경, 죽목 벌채, 토지 분할 뿐 아니라 도시계획사업도 전혀 할 수 없다. 그럼에도 불구하고 개발제한구역에 투자하겠다면 지정이 해제되고 개발사업이 진행되길 바라야 하는데 개발제한구역 해제가 업자들의 말처럼 쉬운 것이 아니다.

'그린벨트가 풀리면 값이 몇 배는 오를 겁니다'

이 말 역시 부동산 업계에서 단골로 등장하는 멘트이다. 그러나 개발제한구역은 한 번 투자하면 발을 빼기가 쉽지 않다. 농림지역은 적어도 농사를 짓고 있는 주민들에게 처분할 수 있지만 어떠한 행위도 할 수 없는 개발제한구역의 땅은 아무도 사려고 하지 않는다. 가령 개발계획이 잡혀서 제한이 해제된다고 할지라도 수용방식으로 개발되기 때문에 뒤늦게 투자를 시작한 사람은 손해를 보게 된다.

기획부동산이나 경매회사가 특히나 선호하는 땅이 개발 호재가 많은 지역의 농림지역이나 개발제한구역이다. 저렴한 가격과 인근의 각종 개발 호재를 앞세우며 농림지역이 상업지가 된다던가 개발제한구역이 해제된다는 말로 초보 투자자들을 속이기에 제격이기 때문이다.

얼마 전 방송에서도 '제2의 강남땅을 팝니다. 기획부동산의 덫'

이라는 내용이 방송되어 전국이 떠들썩했다. 많은 투자자들이 소중한 자금을 잃고도 본인들이 속았다는 사실조차 모르고 있었다.

　방송 중 공개된 성남시 수정구 금토동 산○○ 지번의 토지이용계획확인서를 확인해보았다. 면적은 1,384,964㎡(약 418,952 평)이며 용도는 '도시지역, 자연녹지지역'이었다. 자연녹지지역은 나쁜 땅이 아니지만 이 땅은 다른 법령에 '개발제한구역'이라고 명시되어 있고 도로에 접하지도 않았으며, 당최 어디 있는지 조차도 알 수 없을 정도로 높은 산꼭대기에 위치해있었다. 경매회사는 이러한 약 42만 평의 토지를 서울과 인접하고 제3 판교테크노밸리의 개발 호재가 있어 개발제한구역이 해제되면 엄청난 수익을 얻을 수 있다며 수많은 투자자에게 땅을 분양하고 있었다. 개발제한구역이 해제되더라도 이 땅은 절대 개인의 임의대로 개발할 수가 없다. 설령 개발된다 할지라도 100% 수용당한다.

　또 다른 경매회사에서 분양한 땅을 살펴보자. 경기도 파주시 적성면 마지리 산○○지번의 토지이용계획확인서를 열람해보니 129,368㎡(약 36,411 평)의 크기에 용도는 '농림지역, 보전관리지역'이었다. 다른 법령에는 제한보호구역, 임엄용산지, 토석채취제한지역, 하천구역 등이 기재되어 있었다. 토석채취 제한지역은 공공의 이익을 위해 보전이 필요한 산지에 지정하므로 개발 가능성이 희박하다. 이런 땅에 제2의 개성공단이 조성된다, 통일 기대감으로 금방 개발이 될 지역이니 제2의 강남이라며 투자를 유도한 것이다.

몇몇 기획부동산들이 이런 땅을 분양하는 것, 엉터리 정보로 사람들을 현혹시키는 것, 몇 배의 값을 올려서 분양하고 있는 것은 사실 나와는 아무런 상관이 없다. 하지만 전 재산일지도 모르는 자금을 투자한 사람들이 있는데 정보라도 정확해야 하는 것이 아닌가? 최소한 거축이라도 할 수 있는 땅은 팔아야 하는 것이 아닌가?

모르면 당할 수밖에 없다. 기획부동산이나 경매회사뿐 아니라 인지도 높은 부동산 전문가가 추천하는 땅이라도 최소한 확인해야할 부분은 스스로 알고 있어야 한다. 역세권, 산업단지 등의 수많은 개발 호재가 있대도 토지이용계획확인서를 열람했을 때 '농림지역'과 '개발제한구역'으로 지정되어 있다면 피해야 한다.

농림지역, 개발제한구역이 무조건 나쁜 땅이니 무조건 배제하고 투자할 생각도 말라는 것이 아니다. 투자를 시작할 때 '언젠간 되겠지'라며 기약 없는 땅에 투자하지 말라는 얘기다. 똑같은 기회비용이라면 개발계획이 정확하게 잡혀있는 땅에 투자하는 것이 더 좋지 않은가.

사는 것만큼
파는 것도 중요하다

우리는 투자를 결정할 때 사는 행위 자체에 집중하곤 한다. 하지만 부동산뿐만 아니라 모든 재테크는 수익을 실현할 수 있는 환금성이 중요하다. 많은 사람들이 땅 투자에 거리감을 갖고 있는 이유 중에는 다른 재테크에 비해 현금화가 오래 걸린다는 점도 있다. 하지만 땅이라고 해서 무조건 오래 걸리는 것은 아니다. 예컨대 정부의 막대한 예산이 투입되어 국책사업이 활발하게 진행되고 있는 지역의 도시계획이 지정되어 있는 땅을 선점한다면 개발에 따른 수익실현이 빨라질 수 있다. 그러므로 사는 것에만 집중할 것이 아니라 환금성까지 꼼꼼히 따져봐야 한다.

땅에 투자할 때 국가계획과 도시계획을 반드시 검토하라고 강조했던 이유가 바로 이것이다. 토지의 이용이나 개발 가능성에 따라 환금성도 달라지기 때문에 아무 땅에나 투자한다면 낭패를 보기 마련이다. 내가 보유하고 있는 땅이 농업진흥구역으로 묶여있는데 주변의 개발 호재로 인해서 가격이 상승하면 뭐하겠는가? 아무리 땅값이 오른다 해도 개발할 수 없는, 다시 말해 미래가치가 없는 땅을 매입하려는 사람은 없을 것이다. 결국 그 땅을 팔아야만 수익을 실현할 수 있게 된다.

이 말은 내가 보유하고 있는 땅을 시장에 내놨을 때 살 사람이 나타나지 않는다면 의미가 없다는 말과 같다. 농림지역과 개발제한구역을 피하라는 얘기도 같은 맥락이다. 미래가치성이 없는 땅은 매입할 이유가 전혀 없다. 땅에 투자할 때는 수익률도 중요하지만 무엇보다 환금성이 높은 곳을 선택해야 한다. 환금성이 좋다는 말은 이 땅을 사려는 수요자가 많다는 말이다. 즉, 건축할 수 있는 땅, 도시계획이 잡혀있는 땅, 미래 가치가 있는 땅에 투자해야 높은 수익을 기대할 수 있고 환금성도 좋아진다.

성공적인 땅 투자를 위해서는 매수와 매도의 적절한 타이밍을 미리 계획하여 접근해야 한다. 부동산 가격은 대체로 개발계획의 발표, 착공, 완공의 3단계에 걸친 상승 포인트가 있다. '무릎에서 사고 어깨에 팔아라'라는 말처럼 가격이 오르는 단계별로 세분화하여 검토해본 다면 매수와 매도의 적절한 포인트를 찾을 수 있을 것이다.

예컨대 A 지역에 막대한 예산을 투입한 대규모 개발계획이 발표되면 전국의 투자자들이 몰려들어 땅을 사들인다. 보상금이 풀리면 개발사업지는 물론 주변 땅값 역시 상승하는 효과가 있기 때문에 미리 선점하려는 것이다. 이처럼 A에 투기열풍이 불기 시작하면 점차 시장에 나온 매물이 사라지기 때문에 땅을 매입하기가 어려워진다. 수요는 꾸준한데 매물이 없기 때문에 땅값이 오른다. 또한 이러한 개발정보를 뒤늦게 확인하고 매물을 찾는 사람들이 꾸준히 늘어나는 반면에 팔려는 사람은 없으니 수요와 공급이 시장불균형을 초래해 가격이 지속적으로 상승하게 되는 것이다.

혹시라도 뒤늦게 A 지역에 대해 알게 되고는 이미 기회를 놓쳤다고 실망하거나 무리하게 터무니없이 비싼 매물을 매입하는 것은 금물이다. 계획이 발표되고 완공까지 짧게는 5년, 길게는 10년 이상 걸린다. 기간을 생각하지 않고 투자한 사람들 중에는 '개발계획이 무산되지는 않을까?', '잘못 투자한 것이 아닌가?'하며 실망매물을 내놓는 사람이 나오곤 한다. 바로 그 때가 **매수 포인트**다.

시간이 흘러 개발사업이 착공에 들어가면서 땅값은 또다시 술렁이게 된다. 계획대로 공사가 진행되고 개발사업이 이루어지는 모습을 직접 눈으로 확인할 수 있기 때문이다. 이로 인해 더 많은 수요자들이 확신을 갖고 몰려들고 또 가격이 오른다. 이 시기가 지나고 완공단계 바로 전이 적절한 **매도 포인트**다. 개발계획이 잡혀있는 땅에 투자한 사람들의 투자 목적은 실수요가 아닌 수익이다.

완공 이후에도 도시가 형성되고 인구가 유입되어 활성화되는 데에는 어느 정도 시간이 더 필요하다. 매도 포인트를 놓치면 시장에 매물은 쏟아지는데 매수자는 나타나지 않아 환금성이 늦어질 수밖에 없다. 그러므로 투자를 시작할 때 매도 타이밍까지 미리 계획하는 것이 좋다.

간혹 개발계획이 정확하게 잡혀있는 땅에 투자하고도 처분이 쉽지 않아 잘못 투자했다고 생각하는 사람들이 있다. 계획이 잡혀있는 정확한 땅에 투자하고도 자금이 묶여버렸다? 이것은 투자를 실패한 것이 아니라 좋은 땅을 선점하고도 매도 타이밍을 미리 계획하지 않아 처분할 기회를 놓친 것이다. 지금보다 더 오를지도 모른다는 욕심이 생기면 더 높은 수익을 위해 머뭇거리기 마련이다. 그러나 이 타이밍을 놓치게 되면 수요자들 또한 시장에서 빠져나가기 때문에 내 의지와는 상관없이 투자 기간이 길어질 수 있다.

국가계획과 도시계획을 검토하여 좋은 땅을 선정했다면 얼마나 오래 기간 보유할 것인지, 어느 시점에 매도할 것인지 미리 계획하고 투자를 시작해야 투자 기간을 단기화할 수 있다. 그러므로 너무 큰 욕심을 내기보다는 어느 정도의 수익을 내면 또 다른 투자처로 자금을 움직이는 것이 바람직하다.

이처럼 부동산 가격이 변동되고 단계별로 상승하는 요인은 바로 수요와 공급이라고 할 수 있다. 모든 재테크 상품은 수요와 공급이 균형을 이루는 시점에 합리적인 가격이 형성된다. 하지만 땅은 공급할 수 있는 면적이 한정되어 있기 때문에 인위적으로 공급을 줄일 수도 늘릴 수도 없다. 때문에 모든 재테크를 통틀어 가장 안전하고 수익률이 높은 투자는 바로 땅이다.

세금을 알아야
성공할 수 있다

부동산 투자를 할 때 단기적인 '투기'보다 장기적인 '투자'로 접근해야 하는 이유에는 세금문제도 있다. 땅을 매입하고, 보유하고, 처분하는 모든 과정에 세금이나 부대비용이 들어가기 때문에 이를 고려하지 않고 투자를 시작한다면 오히려 손해를 보게 된다. 그러므로 땅에 투자하려거든 매매대금 및 취·등록세, 중개수수료, 법무사 등기대행수수료 등을 꼼꼼히 따져보고 자금을 움직여야 하며, 땅을 보유하는 동안의 재산세, 땅을 처분할 때의 양도세까지 고려해야 한다.

취·등록세

취·등록세는 토지를 취득하면 발생하는 세금으로 취득세의 4%와 농어촌특별세 0.2% 그리고 지방교육세 0.4%를 합산하여 총 4.6%가 부과되는데 지목인 대지와 농지에 따라서 취·등록세 부과세율이 달라진다. 대지는 4.6%, 농지는 3.4%, 농지가 상속인 경우에는 2.56%의 세율이 부과된다. 농지를 2년 이상 자경하여 땅을 취득한 자에게는 1.6%의 세율이 부과되며 취득일로부터 60일 이내에 해당 부동산 소재지 시·군·구청에 신고하고 납부하여야 한다. 신고기한을 넘기게 되면 취득세 20%의 신고불성실 가산세와 납부일 이후부터 1일당 취득세의 0.025%의 납부지연가산세를 추가로 부담하게 된다.

부동산 취득세율표						
취득 원인	구분			합계	취득세	농어촌 특별세	지방 교육세
매매	주택	6억 원 이하	85㎡ 이하	1.1%	1%	–	0.1%
			85㎡ 초과	1.3%	1%	0.2%	0.1%
		6억 원 초과 9억 원 이하	85㎡ 이하	2.2%	2%	–	0.2%
			85㎡ 초과	2.4%	2%	0.2%	0.2%
		9억 원 초과	85㎡ 이하	3.3%	3%	–	0.3%
			85㎡ 초과	3.5%	3%	0.2%	0.3%
	농지	2년 이상 자경		1.0%	1.5%	–	0.1%
		일반		3.4%	3%	0.2%	0.2%
	일반(토지, 건물, 무허가주택)			4.6%	4%	0.2%	0.4%
	원시취득(신축)			3.16%	2.8%	0.2%	0.16%
상속	농지	2년 이상 자경		0.36%	0.3%	–	0.06%
		일반		2.56%	2.3%	0.2%	0.06%
	1가구 1주택			0.96%	0.8%	–	0.16%
	일반(농지 외)			3.16%	2.8%	0.2%	0.16%
증여	85㎡ 이하 주택			3.8%	3.5%	–	0.3%
	일반			4%	3.5%	0.2%	0.3%

보유세

과세기준일인 6월 1일 과세 대상물을 사실상 소유하고 있는 자에게 해당 소재지 관할의 시장·군수·구청장이 보통징수 방법으로 재산세를 징수한다. 합산한 가액이 일정 기준 금액을 초과하는 경우 국세인 종합부동산세를 납부해야 한다.

재산세

재산세는 토지·건축물·주택에 대해 1년에 2회 납부되는 세금으로 매년 6월 1일을 기준으로 하여 해당 재산을 소유하고 있는 사실상 소유자에게 부과된다. 재산세의 과세표준은 시가가 아닌 시가표준액을 기준으로 하고 있으며 주택은 개별주택가격 및 공동주택가격을 기준으로 매년 7월 16~31일, 9월 16~30일 2회에 각 1/2씩 분할 납부한다. 이때 주택분 재산세액이 10만 원 이하인 경우에는 7월에 전액을 고지할 수 있다. 또한 건축물은 매년 7월 16~31일, 토지의 경우 개별공시지가를 기준으로 매년 9월 16~30일에 납부한다.

부동산 재산세율표				
구분	과세 대상	과세표준	세율	비고
재산세	주택	6천만 원 이하	0.1%	별장 4%
		1억 5천만 원 이하	6만 원 + 6천만 원 초과 금액의 0.15%	
		3억 원 이하	19만 5천 원 + 1.5억 원 초과 금액의 0.25%	
		3억 원 초과	57만 원 + 3억 원 초과 금액의 0.4%	
	건축물	골프장, 고급오락장	4%	과밀억제권역 안의 공장 신·증설 (5년간 1.25%)
		주거지역 및 지정지역 내 공장용 건축물	0.5%	
		기타건축물	0.25%	
	나대지 등 (종합합산과세)	5천만 원 이하	0.2%	
		1억 원 이하	10만 원 + 5천만 원 초과 금액의 0.3%	
		1억 원 초과	25만 원 + 1억 원 초과 금액의 0.5%	
	사업용토지 (별도합산과세)	2억 원 이하	0.2%	
		10억 원 이하	40만 원 + 2억 원 초과 금액의 0.3%	
		10억 원 초과	280만 원 + 10억 원 초과 금액의 0.4%	
	기타토지 (분리과세)	전답·과수원·목장용지 및 임야	0.07%	
		골프장 및 고급오락장용 토지	4%	
		위 이외의 토지	0.2%	

종합부동산세

종합부동산세는 매년 6월 1일 국내에 소재한 재산세 과세 대상인 주택 및 토지의 공시가격을 합산하여 그 공시가격의 합계액이 일정 금액을 초과하는 경우에 그 초과분에 대하여 부과되는 세금이다.

즉, 주택이나 건물, 토지 등 재산을 많이 보유하고 있는 사람들에게 세금을 부과하는 것이다. 부동산 투기를 억제하는 목적으로 만들어졌다. 과세 대상은 주택(부속 토지 포함), 종합합산토지(나대지·잡종지), 별도합산토지(일반 건축물의 부속 토지)로 구분하고 각각의 공시가격을 합산하여 주택은 6억(1세대·1주택은 9억), 종합합산토지는 5억, 별도합산토지는 80억을 초과하는 경우에만 과세하고 있다.

주택의 과세표준 산정방법은 건물과 부속 토지를 통합하여 평가한 공시가격을 기준으로 인별로 전국 합산한 후, 일정 금액을 공제한 금액에 공정시장가액 비율을 곱하는 것이다. 토지는 국내에 있는 종합합산토지와 별도합산토지의 공시가격(개별공시지가)을 각각 인별로 전국 합산한 후, 일정금액을 공제하고 공정시장가액 비율을 곱하여 과세표준을 산정한다.

종합부동산세는 관할 세무서장이 납부할 세액을 결정하고 고지하는 것이며 납세 의무자는 매년 12월 1~15일에 직접 금융기관에 납부하거나 인터넷 뱅킹, 홈택스를 통해 납부할 수 있다. 만약 종합부동산세가 과세되는 경우에는 납부할 세액 20%의 농어촌특별세도 함께 납부해야 한다.

양도소득세

양도소득세는 개인이 토지, 건물, 주택 등 부동산이나 주식의 양도 또는 분양권과 같은 부동산에 관한 권리를 양도함으로 인하여 발생하는 소득을 과세 대상으로 부과하는 세금이다. 양도소득세는 과세 대상 부동산 등의 취득일부터 양도일까지 보유 기간동안 발생된 소득에 대하여 양도 시점에 과세하는데, 소득이 발생하지 않았거나 오히려 손해를 본 경우에는 양도소득세가 과세되지 않는다.

과세 대상은 부동산(토지·건물·주택), 부동산에 관한 권리(부동산을 취득할 수 있는 권리·지상권·전세권·등기된 부동산 임차권), 주식(상장법인의 주식으로서 당해 법인의 대주주 양도분과 장외시장 양도주식·비상장주식), 기타자산(사업용 고정자산과 함께 양도하는 영업권이나 특정 시설물 이용권·회원권·특정 주식·부동산 과다보유 법인주식), 파생상품 등으로 구분된다.

양도소득세는 조세정책적 목적으로 비과세하거나 감면되는 경우가 있다. 비과세되는 경우는 1세대가 양도일 기준 국내에 1주택을 보유하고 있는 경우로 2년 이상 보유한 경우에는 양도소득세가 과세되지 않는다. 또한 주택에 딸린 토지가 도시지역 안에 있으면 주택 정착 면적의 5배까지, 도시지역 밖에 있으면 10배까지 양도소득세가 과세되지 않는 1세대·1주택의 범위로 보고 있다.

양도소득세가 감면되는 경우는 장기 임대주택, 신축 주택 취득, 공공사업용 토지, 8년 이상 자경농지인 경우 감면요건을 충족하면 양도소득세가 감면된다. 양도소득세의 신고납부는 양도일이 속한 달의 말일부터 2개월 이내에 주소지 관할 세무서에 예정신고하고 납부하여야 하며 여러 재산을 양도한 경우에 한해 다음 연도 5월 1~31일까지 확정 신고를 해야 한다. 만약 예정신고를 하지 않으면 납부할 세액 20%의 무신고 가산세와 1일 0.03%의 납부불성실가산세가 부과된다.

부동산에 투자함에 있어서 가장 큰 부담을 차지하는 세금이 바로 양도소득세이다. 단기간동안 투기거래가 활성화되지 않도록 예방하기 위한 목적이며 양도소득세 또한 실거래가로 산정되기 때문에 취득일부터 양도시점에 대비하여 부과되는 세율이 달라지므로 단기로 투자하는 사람들의 세금 부담이 커질 수밖에 없다.

부동산 양도세율표

구분	과세표준	세율 (지방소득세 포함)	누진공제액
2년 이상 장기보유자 기본 세율	1200만 원 이하	6%(6.6%)	
	1200~4600만 원 이하	15%(16.5%)	1,080,000
	4600~8800만 원 이하	24%(26.4%)	5,220,000
	8800~1.5억만 원 이하	35%(38.5%)	14,900,000
	1.5억~3억 이하	38%(41.8%)	19,400,000
	3억~5억 이하	40%(44%)	25,400,000
	5억 초과	42%(46.2%)	35,400,000
단기주택 보유자	1년 미만 주택 및 조합입주권	40%(46.2%)	분양권 50%
	2년 미만 주택 및 조합입주권	기본세율	분양권 40%
다주택자	고율의 양도 세부과세도 폐지	기본세율	조정지역 2주택자 +10% 조정지역 3주택자 이상 +20%
그외 부동산 (토지 등)	1년 미만	50%	토지, 건물, 상가, 분양권 등
	1년 이상~2년 미만	40%	
	2년 이상	6~42%	
1주택자 비과세요건	1주택 2년 이상 보유 – 조정지역 2년 보유/거주(17.8.30이후)	대체 취득: 기존주택 취득 후 1년 후에 취득하는 경우에만 처분기간 3년 인정(18.9.13이후 조정 대상지역 2년이내 처분)	
	기존주택 처분기간 3년 이내		
비사업용 토지(비사)	기본세율 +10%적용(16~52%)	장기보유 특별공제 배제(보유기간 2016.1.1.부터 기산 적용)	
중과 대상	일반 부동산 중 미등기 양도	70%	장기보유 특별공제 배제
양도소득세 신고기간	양도일이 속한 달로의 말일부터 30일 이내 양도일은 잔금일과 등기접수일 중 빠른날	미(무)신고시 양도세 20% 가산세 (연체기간 연10.95% 불성실 가산세)	

부동산을 취득하여 양도하는 시점이 1년 미만일 때는 50%, 1년 이상~2년 미만은 40%, 2년 이상은 과세표준에 따라 6~42%의 세율이 적용된다. 예를 들어 양도차익이 5,000만 원, 필요 경비가 600만

원이라고 가정해 보자. 보유 기간이 2년 6개월(2년 이상)일 경우 15%의 세율이 적용되어 550만 원 정도의 양도세를 납부하게 된다. 하지만 1년 5개월(2년 미만)일 경우 40%의 세율이 적용되어 1,660만 원 정도, 11개월(1년 미만)일 경우 50%의 세율이 적용되어 2,075만 원 정도의 세금이 부과된다. 이처럼 보유기간에 따라 납부할 양도소득세가 다른 것을 알 수 있다.

이렇듯 부동산 투자는 취득부터 매각까지 다양한 세금이 부과된다. 이를 고려하지 않고 막연하게 투자를 시작한다면 오히려 손해를 보게 된다. 그러므로 취득할 때와 매각할 때의 시점과 부과되는 세금을 고려하면서 투자해야 한다. 부동산은 적어도 3년은 보유해야 한다는 말을 들어봤을 것이다. 3년 이상 보유한 토지는 장기보유 특별공제 대상이 적용되어 보유하는 기간이 길어질수록 세금 감면 혜택을 받을 수 있다. 때문에 부동산은 장기적인 관점으로 투자해야 한다.

공시지가

표준지 공시지가는 국토교통부 장관이 공시한 표준지의 매년 1월 1일을 기준으로 하는 단위 면적당(m^2)가격을 의미한다. 토지이용 상황이나 주변 환경조건이 유사해 대표성이 있는 토지 50만 필지를 선정해 적정가격을 산정하고 감정평가사에게 조사 및 평가를 의뢰한다. 이후 토지 소유자와 시·군·구의 의견을 듣고 토지평가위원회와 중앙토지평가위원회 등의 심의를 거쳐 매년 2월 말경에 공시한다. 표준지 공시지가는 전국의 개별공시지가 산정과 보상평가의 기준이 되며 양도세, 보유세 등의 세금과 각종 부담금의 부과 기준으로 활용되고 있다. 표준지 공시지가를 통해서 주변 지역의 비슷한 토지들이 표준가격을 어느 정도 가늠할 수 있다.

개별공시지가는 시장·군수·구청장이 국토교통부 장관이 결정하여 고시한 표준지 공시지가를 기준으로 산정한 단위면적당(m^2) 가격을 의미한다. 개별공시지가는 양도소득세, 상속세, 종합토지세, 취득세, 등록세 등의 국세와 지방세는 물론 개발 부담금, 농지전용부담금 등을 산정하는 기초 자료로 활용되고 있다. 개별공시지가는 표준지로 선정된 토지와 개별 토지의 용도, 도로나 교통여건, 규제 사항 등을 비교하여 가격을 산정하고 있는데 땅에 투자하려는 사람들은 이를 적절히 참고해야 한다. 통상적으로 개별공시지가보다 실거래가가 높게 거래되지만 이를 통해서 시세가 어느 정도에 형성되고 거래되고 있는지 판단하는 데에 도움을 얻을 수 있다.

부동산에 투자할 때 공시지가는 큰 영향을 주지는 않는다. 공시지가는 실제로 거래되고 있는 시장가격을 제대로 반영하지 못하기 때문에 공시지가가 높다고 무조건 좋은 땅, 낮다고 무조건 안 좋은 땅은 아니다. 살고 있는 아파트의 공시지가보다 실제로 거래되고 있는 시장가격이 더 높게 형성됐을 때도 마찬가지다.

다만 부동산을 매입할 때, 보유할 때, 처분할 때 부과되는 세금과 직접적인 관련이 있기 때문에 내가 투자하려는 대상의 공시지가를 활용하여 세금적인 문제를 확인할 수 있으며 부동산의 가치가 어떻게 변화되고 있는지 파악할 수 있으므로 알아두어야 한다.

계약은 선택,
임장 활동은 필수

토지 투자에서 가장 중요한 것은 단언컨대 서류이다. 하지만 서류상으로는 확인되지 않는 기타 규제와 토지이용에 관련된 사항이 있을 수도 있다. 그러므로 꼭 한 번쯤은 현장에 방문해 직접 땅을 확인해야 하는데 일부 투자자들은 거리가 멀고 시간이 없다며 로드맵으로 땅을 훑어보고는 만다. 이는 대단히 잘못된 방식이다. 땅에 투자하려면 반드시 **임장 활동**을 진행하여 향후 건축을 하거나 개발을 함에 있어서 문제되는 사항은 없는지, 토지를 이용함에 있어서 규제가 될 만한 사항은 없는지, 혐오시설은 없는지, 서류상 나타나지 않는 권리가 존재하지는 않는지, 도로는 접해있는지, 주변 환경과 지표 상태는 어떤지 꼼꼼히 따져봐야 한다.

　예컨대 투자하려는 땅에 서류상 표시되지 않은 특수지역권, 유치권, 법정지상권, 분묘기지권 등이 존재한다면 내 땅임에도 불구하고 사용하거나 처분하기가 어렵고 소유권을 행사할 수 없는 경우가 생길 수 있다.

　특수지역권이란 지역 주민들이 집합체의 관계로 다른 사람의 토지를 경작하거나 초목, 방목, 토사의 채취 등으로 사용할 수 있는 권리이다. 때문에 그 땅을 이용·개발하기 위해서는 지역주민들의 동의를 받거나 일정액을 보상해야 소유권을 행사할 수 있다.

　또한 현장에 가서 확인해보니 토목공사나 진입도로 공사가 되어 있다면 별도의 안내가 없더라도 유치권을 확인해봐야 한다. 공사를 진행하다가 전 소유주에게 공사대금을 받지 못해 해당 토지를 점유하여 유치권을 행사하고 있는 경우가 종종 있기 때문이다. 유치권이란 타인의 물건을 점유한 자가 그 물건에 관하여 생긴 채권이 변제기에 있는 경우에 그 채권을 변제받을 때까지 물건을 유치할 수 있는 권리이다. 이런 땅에 투자할 경우, 체납된 공사대금을 지급해야 유치권을 말소할 수 있으므로 많은 분쟁이 발생한다.

　내가 매입하려는 땅에 건축물이 있다면 해당 토지와 건축물의 소유자가 같은지 확인해봐야 한다. 만약 동일인의 소유였으나 저당권이 실행되거나 매매로 인하여 토지와 건물의 소유자가 다른 경우 건축물을 철거한다는 특약이 없는 한 타인의 건축물을 소유하고 있는 자에게 법정지상권이 적용되기 때문이다. 법정지상권이란 해당 토지에 대해 지상권을 따로 설정하지 않아도 법적으로 타인의 토지를 사용할 수 있는 권리이다. 우리나라는 민법상 토지와 건축물을 독립된 부동산으로 보기 때문에 건축물 소유자에게 토지 사용 권한을 인정해주고 있다. 이런 경우에는 땅을 매입하더라도 내가 이용할 방법이 없다.

이 밖에도 투자하려는 땅이 임야인 경우에는 임장 활동을 통해 분묘가 있는지 확인해봐야 한다. 묘지는 서류상으로 정확하게 확인할 수 없는 경우가 많기 때문이다. 만약 묘지가 있다면 분묘기지권이 적용되어 마음대로 이장할 수가 없다. 이로 인해 개발하지 못하거나 땅이 팔리지 않아 가격이 떨어질 우려가 있다.

혹시라도 묘지의 소유자에게 분묘기지권이 있다면 이장비와 보상비까지 지급해야 할 수도 있다. 그러므로 내가 투자하려는 땅에 분묘가 있을 경우는 계약서를 작성할 때 이전 토지 소유자가 묘지를 이장시키겠다는 특약을 단서조항에 기재하거나, 이장비와 보상비 등을 매매대금에서 공제하고 거래하는 방법도 있다. 하지만 분묘가 있는 땅은 가급적 배제하는 것이 좋다.

분묘를 설치한 자가 그 분묘를 소유하기 위하여 기지 부분의 타인 소유의 토지를 사용할 수 있는 권리이다. 성립요건은 ① 토지 소유자의 승낙을 얻어 분묘를 설치한 경우 ② 자기소유 토지에 분묘를 설치하고 그 토지를 타인에게 양도한 경우 ③ 타인 소유의 토지에 승낙 없이 분묘를 설치하고 20년간 평온·공연하게 점유함으로써 시효를 취득한 경우이다.

더불어 부동산 가격 하락을 유발하는 혐오시설의 유무도 꼼꼼히 검토해야 한다. 만약 송전탑이나 쓰레기 매립장, 화장터 등 혐오시설이 이미 존재하거나 조성될 계획이라면 부동산의 가치는 현저히 떨어진다.

이처럼 서류로 확인할 수 없는 부분과 수많은 권리관계가 얽혀 있을 수 있다. 임장 활동을 통해 땅의 모습을 보는 것이 중요한 것이 아니라 토지를 이용함에 있어 문제가 없는지를 확인해야 한다. 또한 주변 환경과의 큰 테두리 안에서 미래 가치를 판단하고 투자를 시작해야 실패할 확률이 적어진다. 그리고 꼭 투자하지 않더라도 임장 활동을 다니며 경험을 쌓다보면 땅의 가치를 판단할 수 있는 안목이 키워진다.

믿음직한 멘토를
만들어라

우리는 많은 것을 배우면서 성장한다. 변화하는 시대에 적응하기 위해서는 지금도, 앞으로도 그래야할 것이다. 뭐든 배워서 나쁠 것은 없다. 하지만 누구한테 배우는지는 정말 중요하다.

부동산을 막 시작하려는 사람들에게 서류를 분석하고 본인이 판단할 수 있는 안목이 생길 때까지 전문가를 곁에 두라고 주언하곤 한다. 투자에 접근하는 방법은 다양하지만 특히나 땅은 다양한 지식과 정확하게 판단할 수 있는 투자 경험이 중요하다. 그러니 어떤 전문가를 만나느냐에 따라 성패가 갈린다.

오로지 전문가만 믿고 통해서만 투자하라는 것은 아니다. 서류 하나도 제대로 확인할 줄 모르고 경험도 전혀 없는 상태로 막연하게 뛰어드는 것보다는 백 번 낫다는 얘기다. 전문가를 곁에 두고 있으면 기본 지식을 빠르게 배울 수 있고 투자를 판단하는 안목도 훨씬 넓어진다. 또한 투자에 관한 조언과 정보를 꾸준히 공유해주기 때문에 이런 것만으로도 실수할 일이 적어진다.

다만 인지도가 높다고 해서 무조건 신뢰하지는 말아야 한다. '내가 이 분야 전문가니 무조건 나를 믿고 이 물건에 투자하세요'라는 마인드를 가진 전문가는 배제하고 스스로 판단할 수 있는 능력을 만들어줄 수 있는 전문가를 만나야 한다.

일반적으로 사람들은 멘토를 두고 오래 배우기보단 무료 세미나에 참석해 쉽게 정보를 얻어가고자 한다. 하지만 일부 전문가들은 방법을 공유하기 보다는 투자물건을 소개하고 땅을 팔기 위해 세미나를 진행한다. 이런 이유에서 나는 세미나에서 투자물건을 추천하지 않는다. 물건이 없어서가 아니다. 하나부터 열까지 차려주기보단 잘못된 투자를 하지 않도록 하나라도 더 알려주고 노하우를 공유하고 싶은 마음 때문이다. 특히나 관심을 갖고 날 찾아와준 사람들에게 할 수 있는 보답은 일회성 투자물건 추천이 아니라 평생동안 활용할 수 있는 정보라 생각한다.

땅 투자는 정보와 타이밍 싸움이다. 정확한 정보가 아니라면 실패한다. 또한 결정적인 기회가 왔음에도 판단력이 부족하면 평생 단 한 평의 땅도 살 수 없다. 아무리 잘나고 대단한 사람일지라도 혼자 세상을 살아갈 수 없듯 본인과 잘 맞는 멘토를 곁에 두고 공부한다면 좋은 땅을 눈앞에 두고 기회를 놓칠 일은 없을 것이다.

세상에
공짜는 없다

특히나 부동산 투자는 다른 재테크에 비해 매매대금 외에도 많은 자금이 들어간다. 땅에 투자하려면 매입금액이 클 뿐만 아니라 중개수수료, 법무사 등기 대행 비용, 컨설팅 수수료 등의 부대비용이 발생하기 때문에 투자자 입장에서는 달갑지 않을 수도 있다. 하지만 이 부대비용을 조금 아끼려고 꼼수를 부리다가 실패하는 수가 있다. 예를 들면 기획부동산이나 경매회사에서 땅을 매입할 때에는 중개수수료가 발생하지 않는다. 그러므로 이를 통해 땅을 매입하면 비용을 절약했다고 생각하기 마련인데 아주 큰 착각이다. 세상에 공짜는 없다.

앞서 확인했듯 이러한 기획부동산과 경매회사는 땅을 비싸게 팔수밖에 없다. 현재 거래되는 시세보다 약 3~5배나 비싸기 때문에 이들에게서 땅을 매입한다면 애초에 이익을 기대할 수 없는 투자를 시작하는 것이다. 현재 거래 시세는 1억인데 기획부동산에서 2억 5천~3억에 매입하는 식이다. 적어도 이 책을 읽은 사람이라면 절대 이런 식으로 땅에 투자하는 일이 없길 바란다.

세미나를 통해 인연을 맺었던 고객이 있다. 이 고객은 8년 전 지인의 소개를 통해 기획부동산에서 투자를 시작했다. 당시 분양하던 땅이 상업지로 변경된다는 설명을 듣고 농림지역에 2억을 투자했다. 하지만 당시 해당 토지의 시세는 5,000만 원에 불과했다. 8년이란 시간이 흘렀지만 시세는 그대로이다. 그러나 어쩌겠는가? 땅을 치고 후회한대도 돌이킬 수 없다.

이 고객은 기획부동산에서 투자를 하고 4년 쯤 지났을 무렵 나를 찾아왔다. 은행적금과 보험 등을 정리하면 2억 정도 자금을 만들수 있는데 손해를 복구할 수 있을만한 좋은 땅이 없느냐고 간절히 물었다. 이미 많은 손실을 봤고 자금이 묶여있는 상태이기 때문에 또다시 어딘가에 투자한다는 것이 쉬운 결정은 아니었을 것이다. 오죽했으면 이런 결정을 했을까.

사정을 오래 전부터 알고 있었기에 2억을 전부 투자하는 것은 무리라고 판단했다. 대신 생각한 자금의 반만 투자하는 것은 어떻겠느냐고 제안을 했다. 땅 투자는 시간이 오래 걸리는 재테크인데 살면서 언제 큰 자금이 필요할지 모르기 때문에 절반은 여유자금으로 가지고 있는 것이 좋겠다고 권유했다. 하지만 손해를 복구하고자 하는 마음이 컸던 탓일까? 그는 많이 투자해야 많이 벌 수 있지 않느냐고 물었다.

이 컨설팅을 의뢰받은 후에 제대로 잠을 이룬 적이 없다. 좋은 물건을 소개해드리고 싶은 마음과 책임감이 상당했다. 간절함이 통했던 것일까? 다행히 꽤 좋은 물건을 소개할 수 있게 됐다. 도시계획이 지정된 지역 인근에 위치했고 개발사업지에 연결되는 도로와 접해있는 계획관리지역으로 면적은 $864m^2$(약 261 평), 당시 거래 시세는 평당 53만 원이었다. 지주는 상속으로 받은 그 땅에 관심이 없었고 마침 급하게 현금화가 필요했다. 며칠 동안 지주를 찾아가 대화를 나눈 끝에 평당 43만 원에 계약할 수 있었다. 이 고객은 중개수수료와 법무사 비용, 컨설팅 비용을 지불하더라도 많은 이익을 보고 투자를 시작한 셈이다.

이 후로도 고객은 남은 자금을 전부 투자하고 싶다고 부탁했지만 극구 말렸다. 시간이 흘러 이 지역에는 대규모 개발사업이 진행되었고 4년이 지난 지금 그 땅의 시세는 평당 120~130만 원이다. 무려 3배가 오른 것이다. 주변에 대규모 산업단지가 형성됐고 국가철도

망 구축사업에 따라 고속철도 역사가 신설되고 있다. 또한 주거개발
진흥지구·지구단위계획구역으로 지정되어 있기 때문에 앞으로의 전
망도 좋다. 이 고객은 과감한 결단력으로 인해 과거의 손해를 복구한
것은 물론 가까운 지인에게 속아 큰 손실을 봤던 상처도 조금은 덜어
낼 수 있게 되었다.

부동산을 매입할 때 들어가는 부대비용은 추후 처분할 때 필요
경비로 인정받아 공제받을 수 있다. 그러므로 중개수수료와 컨설팅
비용을 지불하더라도 정확하게 투자를 하는 것이 백 번 천 번 낫다.
컨설팅 회사는 많고 저마다 접근하는 투자 방식이나 신념은 다르다.
그러나 소신이 분명한 전문가를 만난다면 투자방법도 배울 수 있고
인생을 바꿀 수 있는 기회도 생긴다.

잘나고 못나고를 떠나서 누구든지 땅 투자를 성공할 수 있다. 수
익을 볼 수 있는 땅은 이미 정해져 있기 때문이다. 그러므로 비용이
조금 들어가더라도 한 번쯤은 전문 컨설팅을 받아보는 것도 좋은 방
법이다. 배우려거든 시간을 아끼지 말고 돈을 벌려거든 돈을 아끼지
마라.

PART 05

실전투자
유망지역

환황해권 경제중심지, 평택

과거에 평택은 수도권에서도 인구밀도가 적고 각종 예산편성이나 개발계획에서 소외되는 지역 중 하나였다. 하지만 지금의 평택은 다르다. 평택항을 통해 중국시장으로의 수출산업이 용이하고 물류수송비 절감 효과를 톡톡히 보고 있기 때문에 이곳에 많은 대기업이 입주하여 대규모 산업단지가 조성되었다. 이로 인한 고용창출 효과로 평택시 인구가 급격하게 늘어나 2035년까지 인구 100만을 목표로 도시기본계획을 수립하여 곳곳에서 도시개발사업이 진행되고 있다.

평택은 동북아 환황해 경제권의 중심에 위치하고 있으며 경부고속도로, 서해안고속도로, 평택제천고속도로, SRT 지제역, 서해선 복선전철 안중역 등을 통해 수도권과 중부권, 호남권, 영남권과의 광역교통망을 갖추고 있는 입지 조건이 뛰어난 지역이다.

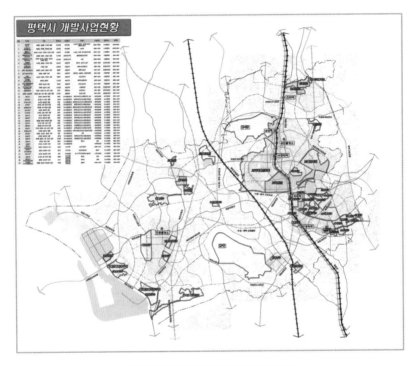

| 평택시 개발사업현황도 [출처-평택시]

게다가 개발 호재가 무궁무진하기 때문에 투자자 입장에서 군침을 흘릴만한 지역임이 틀림없다. 특히나 평택하면 삼성이 가장 먼저

떠오를 정도로 삼성이 입주한 이후 평택의 부동산 가치가 눈에 띄게 높아지고 있다. 삼성전자 반도체공장은 약 100조 원을 투자하여 120만 평 규모로 조성되고 있으며 삼성이 입주함으로써 창출되는 고용효과만 해도 약 14~15만 명에 달한다. 게다가 삼성전자의 협력업체들까지 뒤따라 들어온다. 이로 인해 유입될 인구를 수용할 수 있는 고덕 국제 신도시가 13.4km²(약 400만 평)의 규모로 활발하게 진행되고 있으며 고속철도(SRT)가 구축되어 수서에서 평택까지 20분대에 진입할 수 있다.

LG 역시 평택에 적극적으로 투자를 하고 있다. 약 60조 원을 투자하여 94만 평 규모의 진위산업단지, LG 디지털파크 등을 조성하는데 이로 인한 고용효과도 약 10만 명에 이른다. 팽성 지역에는 약 490만 평 규모의 주한미군기지가 이전해 약 11만 명의 고용효과를 달성했다. 더불어 첨단지식산업단지와 친환경 주거단지가 조성되는 브레인시티도 약 146만 평의 규모로 2022년까지 개발될 예정이다.

향후 서해안의 물류수송의 핵심축이 되는 평택항을 당진항과 연계하여 항만도시를 건설하는 2종 항만 배후단지 개발사업을 추진하고 있으며 중국과의 물류·관광산업의 교류를 위해 대형 크루즈선이 입항할 수 있는 국제 여객터미널을 추가적으로 조성할 계획이다. 포승 국가산업단지와 함께 연계하여 자동차 부품, 화학 및 전자정보산업 등의 첨단산업단지를 조성하는 황해경제자유구역 평택 BIX는 포승읍 일원에 면적 2,044㎢ 규모로 2020년까지 완공을 목표로 추진하고 있다.

포승읍 현덕면 일원에는 2,316㎢ 규모의 초대형 차이나캐슬이 들어선다. 중국 친화도시를 조성하여 연간 500만 명 이상의 중화권 관광객을 목적으로 각종 편의시설과 숙박시설, 아울렛, 면세점, 업무시설, 지식산업센터, 관광휴양시설, 메디컬센터 등의 개발사업을 진행하고 있다.

이곳은 많은 호재 중에서도 서해선 복선전철을 빼놓을 수 없다. 현재 화성 송산~충남 홍성까지 공구별로 공사가 활발하게 진행되고 있으며 2022년도까지 전 구간을 개통할 예정이다. 안중역은 물류처리가 가능한 역사로 수출물동량 처리를 원활하게 하기 위하여 평택항과 안중역을 연결하여 인입철도를 구축할 예정이다. 안중역이 완공되면 평택에서 여의도까지 30분대로 이동할 수 있으며 지역경제 활성화는 물론 땅값 상승에도 큰 영향을 끼칠 것이다.

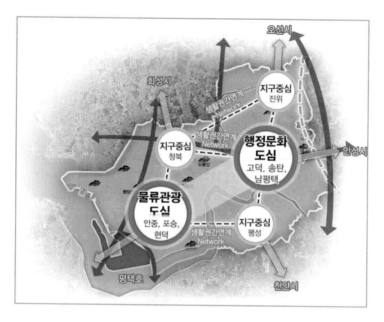

| 평택시 도시공간구조 [출처-2035평택도시기본계획]

평택의 도시계획은 크게 도심과 부도심으로 나뉘어 있다. 동부
생활권은 고덕, 송탄, 남평택, 서부생활권은 안중, 포승, 현덕이다. 사
실 평택은 곳곳에 많은 개발 호재를 품고 있기 때문에 전 지역이 투
자처라 해도 무방하다. 다만 동부생활권은 이미 지가가 상당히 높아
뒤늦게 접근하는 투자자 입장에서는 쉽지 않을 것이다. 반면에 서부
생활권은 아직 기회가 남아있다. 현재 서부생활권 일부에 개발이 진
행되고 있으며 많은 개발계획이 잠재되어 있다. 특히 평택항과 안중
역을 중심으로 포승지구, 현덕지구, 안중송담지구, 화양지구, 내기지

구의 주변에 아직까지 저평가된 땅이 많다. 평택에 관심있는 투자자라면 서부생활권 지역을 눈여겨보라.

6년 전부터 평택의 개발계획이나 도시계획에 관한 정보를 꾸준히 수집, 분석하여 세미나를 진행했고 컨설팅을 통해서도 많은 이들에게 평택에 대한 투자 정보를 공유했다. 그 당시 나를 통해 평택에 투자한 사람들은 이미 많은 수익을 거두어 수익금으로 재투자를 진행하고 있을 정도다.

대규모 개발사업이 진행되면서 이미 땅값이 많이 올랐지만 앞으로도 많은 개발계획과 도시개발사업으로 인한 지가상승 기대감이 크다. 때문에 외지에서도 많은 투자자들이 몰려들었다. 실제 2018년 기준으로 토지 보상금 약 8조 원 중 평택 지역이 많은 비중을 차지하기도 했다. 보상금을 받은 종전 토지 소유자들은 다시 인근에 대토함으로써 지가상승의 견인차 역할을 하고 있다.

이런 이유로 평택의 땅값은 수년 동안 지속적인 상승곡선을 보이고 있으며 앞으로도 상승할 가치가 충분하다. 이미 오를 만큼 올랐다고 생각할 수도 있지만 지금도 늦지 않았다.

동북아 경제중심지, 새만금

앞으로는 기회의 땅 새만금에 주목해야 한다. 새만금은 단군 이래 최대의 간척사업이다. 군산~김제~부안을 연결하는 세계 최장 길이의 방조제(33.9km)를 설치하여 내부 토지 29,100ha와 담수호 11,800ha 등 총 면적 $409km^2$(약 1억 2천만 평)의 공유수면을 매립해 새로운 땅을 조성한다. 새만금은 내부개발을 통해 대규모 산업단지, 관광 레저산업 등을 조성함으로써 향후 대한민국을 이끌어가는 최대의 경제중심지가 될 것이다.

새만금사업은 1989년에 기본계획을 수립하여 2006년에 방조제

공사를 완공했고 2017년 고군산군도를 연결하는 연육교 공사를 완료해 이를 찾는 관광객이 꾸준히 증가하고 있으며 고군산관광벨트 조성사업이 진행될 예정에 있다. 또한 2022년까지 약 6조 6천억을 투자하여 태양광 및 풍력자원을 이용한 재생에너지클러스터를 구축함으로써 새로운 성장 동력을 확보하고 있다.

정부는 새만금 내부토지개발을 통해 대규모 산업단지를 조성하고 이에 입주하는 기업에 각종 세제혜택을 주고 있다. 따라서 많은 국내외 기업이 입주 예정에 있다. 이 밖에도 중국시장을 겨냥한 수출 물동량을 원활하게 처리하기 위래 중국과 최적의 거리에 위치하는 새만금 신항만을 건설 중이다. 새만금 신항만은 2023년까지 4선석을 우선 개발하고 2030년까지 18선석을 추가로 개발한다. 신항만이 완공된다면 새만금은 동북아 물류의 허브가 될 것이며 크루즈선 입항에 따른 관광수요도 꾸준히 늘어날 전망이다.

또한 광역권과의 접근성을 향상시키기 위해서 고속도로, 고속철도·복선전철·공항·항만 등 교통 인프라를 구축하는 SOC사업이 활발하게 진행되고 있다. 이렇듯 새만금은 하루하루 변화와 성장을 거듭하고 있으며 개발 완료 후 유입될 것이라 예상되는 인구 수는 약 76~80만 명에 달한다.

새만금을 주목하는 이유도 이 때문이다. 앞서 부동산 투자는 인구와 직접적인 관련이 있기 때문에 인구 변화에 날카롭게 반응할 수 있어야 한다고 강조했다. 새만금에 대규모 산업단지가 조성되고 관광산업이 활성화된다면 고용 창출 효과와 국내외 관광객의 유입으로 인해 엄청난 성장을 거듭할 것이다.

현재 새만금사업이 진행되는 지역을 중심으로 많은 투자자들이 몰리고 있다. 몇십만 원에 거래되던 땅이 불과 몇 년 사이에 수백만 원대에 거래되고 있을 정도다. 일반적인 시각으로 볼 때 이미 오를 만큼 오른 것 아닌가라고 생각할 수 있겠지만 이제부터가 진정한 새만금시대이다.

주의해야 할 점이 있다. 새만금 지역은 개발 호재가 많아 기획부동산이 집중적으로 공략하는 지역이다. 하지만 되레 겁먹을 필요는 없다. 처음부터 끝까지 강조한 내용이지만 **서류**를 확인하고 아무런 문제가 없는 땅이라면 **임장 활동**을 진행하고, 투자를 결정하기 전에 반드시 **실거래가**를 확인해라. 이것만 확인해도 절대로 기획부동산에 당할 일은 없다.

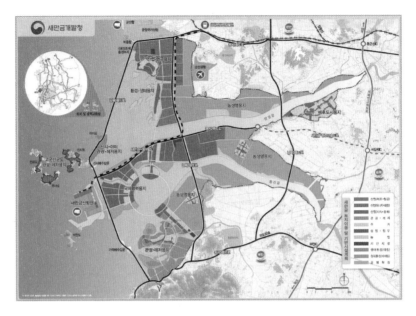

| 새만금 토지이용 및 기반시설계획 [출처-새만금개발청]

　　새만금 지역의 대표적인 투자처는 군산, 김제, 부안이다. 이 중 김제는 농·생명용지로 개발계획을 수립함에 따라 대부분의 지역이 농업진흥구역으로 지정되어 있기 때문에 개발이 쉽지 않고 투자가 장기화될 우려가 높다. 또한 개발을 하더라도 절대농지는 수용방식으로 진행되기 때문에 투자기간에 대비하여 높은 수익을 기대하기 어렵다. 때문에 군산과 부안에 비해 상대적으로 투자 선호도가 높지 않은 지역이다.

다시 말해 새만금 지역의 포인트는 군산과 부안이다. 군산은 군장국가산업단지, 지방산업단지, 새만금 산업단지 등에서 유입되는 인구를 수용할 수 있는 중추적인 배후도시 역할을 하기 때문에 이에 대비한 교통망 구축사업과 도시개발사업이 활발하게 진행 중이다. 특히 인구가 밀집되어 있는 군산의 주요 도심은 지가가 높게 형성되어 있다.

반면 부안은 상대적으로 저평가되어 있다. 부안은 새만금이 완공되는 시점에 대규모 관광레저단지가 조성된다. 이로 인해 수많은 관광객들이 유입되어 리조트, 펜션, 음식점, 커피숍 등 각종 숙박시설과 편의시설이 밀집될 것이다. 그러므로 부안의 농림지역, 보전관리지역을 제외한 계획관리지역, 자연녹지지역을 눈여겨본다면 좋은 땅을 선점할 수 있다. 펜션이나 카페를 지어 임대사업을 하는 것도 좋은 방법이다.

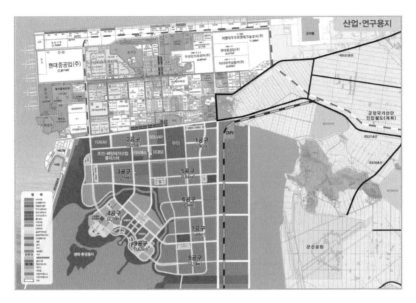

| 새만금 산업연구용지 계획도 [출처-새만금개발청]

새만금 지역 중에서도 내가 제일 선호하는 지역은 군산이다. 새
만금의 행정구역상의 면적도 군산 71.1%, 부안 15.7%, 김제 13.2%로
단연 압도적이며 김제, 부안에 비해 고속도로, 고속철도, 복선전철,
항만, 공항 등 완벽한 교통 인프라를 갖추고 있다. 군산은 군장국가산
업단지와 군산지방산업단지로 인해 지역발전을 거듭했으며 현재는
새만금사업 기대감으로 인해 지가가 오르고 있다.

하지만 일찍이 군산에 투자한 사람들은 걱정이 한가득이다. 최
근 현대중공업조선소 가동이 중단되고 GM 군산공장 폐쇄까지 더해

지면서 군산의 부동산 경기가 침체되고 혹여 개발계획이 무산될까 노심초사하는 것이다. 하지만 염려할 필요 없다. 현대중공업은 군산 공장 재가동을 준비하고 있으며 GM 군산공장은 엠에스컨소시엄이 인수하여 2021년부터 전기차 생산 공장으로 가동될 예정이다.

새만금 산업단지에는 OCI, 도레이첨단소재, 솔베이 실리카코리아 등이 입주하여 가동하고 있으며 현재 삼긴신업, 리튬고리아, 유니텍코리아, 풍림파마텍, 레나인터내셔널, 네모이엔지 등 많은 국내외 기업이 MOU 계약을 체결하고 입주할 예정에 있다.

현재 군산시청을 중심으로 수송동, 미장동, 지곡동의 도시개발사업이 활발하게 진행되고 있으며 이 지역들은 인구가 밀집되고 생활권이 갖춰져 있기 때문에 지가가 높다. 하지만 여전히 저평가된 땅이 많다.

우선 동군산 IC 인근을 주목해볼 필요가 있다. 군산의 관문 역할을 하는 이 지역은 서해안고속도로와 새만금이 연결되는 21번 국도와 접하고, 2021년 개통 예정인 신대야역이 조성되는 최적의 입지에 위치하고 있다. 신대야역은 환승 역사로 익산~대야, 새만금 신항만~대야, 군장국가산업단지~대야를 연결하며 고속도로 진출입이 용이한 동군산 IC 및 역세권 개발이 맞물려 지가 상승을 기대해볼 수 있다.

군산시는 대야지구, 통사지구, 개정지구, 미장지구 등에 인구 유입에 대비하는 도시계획을 수립했다. 부안의 투자 포인트가 관광객 유입으로 펜션, 음식점, 카페 등의 편의시설을 조성할 땅을 선점하는 것이라면 군산은 새만금 산업단지의 배후도시 역할을 할 수 있는 주거지역이 조성되는 땅을 선점하는 것이 포인트다.

서해안 산업클러스터, 당진

충청남도 최북단에 위치한 당진은 철강, 자동차, 메디컬, IT 등 서해안 산업단지의 메카로 떠오르며 성장하고 있다. 석문국가산업단지를 시작으로 고대국가산업단지, 부곡국가산업단지, 현대제철산업단지, 송산2일반산업단지, 당진1철강산업단지, 아산국가산업단지 등이 연결되는 대규모 산업클러스터가 조성되고 있으며 투자자들이 당진을 눈여겨보고 있는 이유도 바로 산업단지 때문이다.

현재 당진에는 현대제철, 동부제철, 동국제강, 휴스틸, 환영철강, 현대글로비스, 삼우, 현대하이스코, 현대자동차, KCC, 금호타이어, 기아자동차 등 100여개 이상의 국내기업이 활발하게 가동되고 있다. 또한 일본 페로텍사, 중국 북해그룹, 미국 쿠퍼스탠다드사, 스웨덴 플랙트우즈사, 독일 쿼츠베르크사 등의 해외기업을 유치하며 국가 경쟁력 강화에 이바지하고 있다.

최근에는 LG화학, 덕양, 에스오엠, 미주엔비켐, 제이스코리아, 아리수철강 등의 기업과 투자협약을 체결해 당진시의 땅값이 크게 상승했다. 과거 평당 30만 원에 거래되던 산업단지 주변의 계획관리지역의 땅이 현재는 80~100만 원대 이상에 형성되어 있다. 앞으로도 당진에 많은 기업들이 입주할 예정이고 인구 유입으로 인해 도시개발사업 활성화는 물론 지속적인 땅값 상승도 기대해볼 수 있다.

많은 기업이 당진에 보금자리를 마련하고 있는 이유는 수출 물동량 처리가 용이한 당진항 덕분이다. 당진항은 동북아 국제무역의 중심인 평택·대산항과 연계하여 항만물류클러스터를 구축한다. 오는 2020년까지 우선적으로 42선석, 2030년까지 60선석을 개발하여 수도권과 중국 물류전진기지 역할을 하는 국내 최대 규모의 항만으로 성장할 예정이다. 또한 당진항은 부곡지구 항만배후단지를 조성하고 모래부두개발, 석문 신항만개발, 평택·당진항·서부두 간 연결도로 등의 추가적인 개발사업을 추진하고 있다.

뿐만 아니라 당진은 현재 대규모 산업단지개발은 물론 국가교통망 구축계획에 따라 제2서해안고속도로, 당진~대전 간 고속도로, 당진~천안 간 고속도로, 당진~대산 간 고속도로 등을 교통 인프라를 구축함으로써 사통팔달의 입지조건을 갖추고 있다. 국가철도망 구축계획에 따라 합덕읍 도리에 건설되고 있는 서해선 복선전철 합덕역은 2022년 개통 예정으로 수도권과의 접근성이 좋고 물동량 처리를 원만하게 함에 따라 지역경제 활성화에 기여하게된다.

현재 공사가 활발하게 진행되고 있는 합덕역은 당진의 유일한 역세권이다. 아산 국가산업단지와 송산 지방산업단지를 거쳐 석문 국가산업단지를 연결하는 인입철도(석문산단선), 당진~대산항 간 산업철도 등이 교차하는 복합환승센터를 조성할 예정이기 때문에 합덕역세권은 향후 투자 가치가 높은 지역임에 틀림없다.

하지만 이 지역에 관심을 갖고 있는 투자자들이 유의해야할 점이 있다. 현재 합덕역이 조성되고 있는 땅의 주변은 대부분 절대농지로 역세권 개발이 진행되더라도 수용방식으로 개발될 여지가 높다. 그러므로 이를 악용하는 부동산 업자를 조심해야 한다.

이처럼 당진은 대규모 사업단지를 중심으로 지속적으로 발전할 지역이며 아직 저평가되어 있기 때문에 투자 가치가 높다. 현재 당진은 산업단지 고용효과로 인해 인구가 꾸준히 유입되고 있으며 2030년까지 인구 50만 명을 목표로 도시기본계획을 수립했다. 도시계획을

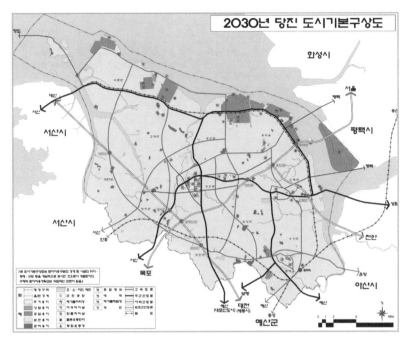

| 2030년 당진 도시기본구상도 [출처-2030당진도시기본계획]

살펴보면 송악을 중심으로 송산, 석문, 대호지, 정미, 신평, 합덕, 면천 등에 도시생활권을 구축해 나갈 예정이다. 그러므로 당진에 관심을 갖고 있는 투자자라면 산업단지, 합덕 역세권, 신설되는 IC 등에 주목하고 도시계획을 확인해야 한다. 특히 개발사업이 진행되는 주변의 땅을 면밀히 검토하여 투자에 접근해본다면 좋은 기회를 만들 수 있을 것이다.

석유화학클러스터, 서산

서해안시대가 열리며 충청남도 서산에 평택·당진과 연계하는 대규모 산업단지가 조성되고 있다. 서산은 상대적으로 평택과 당진에 비해 저평가되어 소액 투자자들이 선호하는 지역이기도 하다. 서산이 앞으로 발전할 거란 근거는 서해안 지역의 수출 물동량 처리를 원활하게 하는 대산항이다.

대산항 인근에는 현대오일뱅크, 씨텍, 삼성토탈, 한화토탈, LG화학, 에스오일, 롯데케미칼, KCC 등이 입주하여 가동되고 있으며 울산, 여수와 함께 국내 3대 석유화학단지로 손꼽힌다. 이를 중심으로 정밀화학특화산업단지, 대산항 배후산업단지, 해수담수화사업, 바이오·웰빙·연구특구, 자동차특화단지, 대산3일반산업단지, 현대대죽일반산업단지, 서산3일반산업단지, 남부일반산업단지 등을 추가적으로 조성하고 있다. 또한 서산의 미래를 책임질 신성장 동력인 자동차 산업단지(서산오토밸리·인더스밸리·테크노밸리) 조성을 통해 석유화학, 자동차산업을 중심으로 하는 지역발전을 도모하고 있다.

서산은 최근 약 123만 평의 오토밸리와 테크노밸리, 약 27만 평의 남부일반산업단지, 약 16만 평의 대산3일반산업단지 조성을 완료했다. 또한 대죽일반산업단지에 현대오일뱅크가 약 20만 평 규모로 조성되고 있으며, 서산3일반산업단지는 총 사업비 2,000억 원을 투입하여 약 36만 평 규모로 조성될 예정이다. 상대적으로 공업용수가 부족한 대산은 임해산업지역 내에 총 사업비 2,200억 원을 투입한 해수담수화시설을 2019년까지 구축할 예정이며, 총 사업비 8,600억 원을 투입하여 2020년까지 자동차특화단지를 조성할 예정이다.

총 사업비 2,030억 원을 투입한 정밀화학특화단지는 오는 2020년까지 대산 석유화학단지 인근에 200만㎡의 규모로 조성된다. 대산항 배후산업단지는 2021년까지 대산읍 일원에 60만㎡(약 18만 평) 규모로 조성된다.

뿐만 아니라 서산시는 2020년까지 충청권 최초의 국제여객항로

인 크루즈선을 유치할 예정이다. 대산항 국제여객터미널이 완공됨에 따라 서산~용안 항로의 카페리선 취항을 통한 중국 관광객 유입을 활성화하고 해양레저 및 관광 인프라 기반을 구축할 예정이다. 이처럼 산업경제와 더불어 관광자원을 육성하여 지역경제 활성화에 힘쓰고 있다.

이 밖에도 국가교통망 구축계획에 따라 광역도로 및 간선도로망을 확충하여 수도권 및 광역권과의 접근성을 향상시키고 물류비용절감을 도모하기 위해 교통 인프라 구축사업을 활발하게 진행하고 있다. 석문~대산을 연결하는 국도38호선은 총 사업비 1,907억 원을 투입하여 구간을 연장했으며 더불어 서산~황금산 신설도로, 운산~음안 간 국지도70호선, 성연~음암 간 우회도로 등이 조기 개통됨에 따라 원활한 물류수송과 지역경제 활성화를 촉진하고 있다. 또한 대전~당진 간 고속도로를 대산까지 연장하는 최종 사업 대상지로 선정되어 2026년 개통될 예정이고, 대산항 및 배후 산업단지의 연계 도로망 확충으로 지역균형 발전을 위한 교통 인프라가 구축되고 있다.

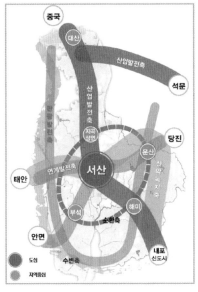

| 서산시 도시공간구조 [출처-2030서산도시기본계획]

　　이처럼 서산은 개발 가능성에 비해 저평가되어 투자 가치가 높으므로 장기적인 관점으로 접근보기에 좋다. 대규모 산업단지의 영향으로 해마다 인구가 늘고 있으며 2030년까지 인구 30만 명을 목표로 도시계획을 수립했다. 도시계획은 지역별로 특화된 배후 역할을 위해 서산을 중심으로 대산, 지곡, 성연, 운산, 해미, 부석 등으로 도시공간구조를 계획하고 있으니 서산에 관심을 갖고 있는 투자자라면 산업벨트 축으로 연계되어 있는 대산, 지곡, 성연 지역을 눈여겨볼 필요가 있다.

서해안시대
U Creative City, 화성

화성시는 2000년 초반 수도권에 비해 상대적으로 인구수가 적은(약 18만 명) 도시였다. 2001년 시로 승격한 화성은 교통 인프라를 구축하며 기업유치에 힘썼다. 기업이 입주함에 따라 많은 인구 유입을 통해서 도시가 발전되며 꾸준히 성할 수 있었다. 지금의 화성은 과거와는 천지차이다. 2005년 인구 30만 명에 불과했던 화성은 현재 인구 75만의 대도시가 되었으며 2020년에는 110만 명, 2035년에는 135만 명을 예상하여 도시계획을 수립하고 있다.

매년 인구증가율 1위를 차지하고 있는 화성은 삼성반도체, 현대자동차, 기아자동차, LG전자 등 다수의 대기업과 동탄 일반산업단지, 마도 일반산업단지, 송산 테크노일반산업단지, 정남 일반산업단지, 팔탄 일반산업단지 등 약 1000여 개의 기업이 상주함에 따라 대규모 산업단지를 조성하고 있다. 이로 인한 고용효과로 인한 인구 유입으로 택지개발사업이 활발하게 추진되었으며, 2003년 동탄1신도시, 2011년 동탄2신도시를 조성함으로써 도시가 성장하고 해마다 발전을 거듭하고 매년 인구가 급등해 땅값 역시 꾸준하게 상승했다.

화성시의 매력은 단연 교통망이다. 수도권 및 광역권과의 물류 이송을 원활하게 할 수 있는 교통망을 확보하여 최적의 입지조건을 자랑한다. 경부고속도로, 서해안고속도로, 평택~시흥 간 고속도로, 비봉~매송 간 고속도로(화성도시고속도로), 봉담~과천 간 고속도로, 용인~서울 간 고속도로 등을 갖추고 있으며, 향후 봉담-송산 간 고속도로, 제2서해안고속도로, 수도권 제2외곽순환고속도로 등이 추가로 조성될 예정이다.

철도망 역시 둘째가라면 서럽다. 현재 전국 지자체 중 2개의 고속철도역을 가지고 있는 것은 화성뿐이다. 경부고속철도 KTX, 수인선 복선절철, SRT 고속철도가 조성되어 있으며 서해선 복선전철, GTX 수도권 광역철도가 2022년 개통을 목표로 추가 조성되고 있다. 특히 서해선 복선전철이 완공되면 화성 송산역~평택 안중역과 안중역~평택항 인입철도를 통해 수출 물동량을 원활하게 처리할 수 있기 때문에 앞으로 화성 지역의 가치성이 더욱 높아질 것이다.

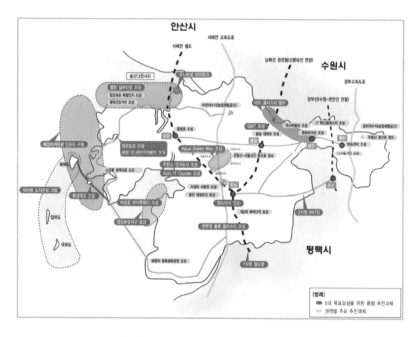

| 화성 장기 발전 계획도 [출처- 2025화성도시기본계획]

　고객들과 상담을 하다보면 화성은 이미 너무 많은 개발이 진행
되어 더 오를 데가 없다며 이 지역을 배제하는 사람이 의외로 많다.
'거긴 너무 비싸', '지금 투자하기에는 너무 늦었어' 라는 생각에 사
로잡혀 엄두도 못내는 것이다. 오를 만큼 오른 땅에 굳이 투자하라는
것도, 무조건 투자를 서두르라는 것도 아니다. 다만 화성의 저평가되

어 있는 땅을 검토해보자는 얘기다.

땅 투자는 운에 맡기는 것이 아니다. 적극적으로 움직이는 만큼 성공에 가까워진다. 땅에 대해 알려고 하지도 않으며 고집만 부리다가는 좋은 기회를 놓쳐버리고 나중에 가서야 후회하게 될 것이다.

화성에는 여전히 많은 개발 호재가 있어 꾸준히 지가가 상승할 것이다. 그중 송산 그린시티에는 2030년까지 인구 15만 명을 수용할 수 있는 수도권 최대의 택지지구가 조성될 예정이다. 이는 총 55.82㎢ (약 1,689평)으로 여의도의 약 18배, 분당의 약 3배에 달하는 크기이다. 1단계 동측(생태주거단지), 2단계 남측(자동차 테마파크·첨단산업단지), 3단계 서측(해양테마단지·관광레저단지)으로 개발을 진행하고 있으며 1단계에는 주거단지가 형성되어 입주가 시작되고 있다.

송산 그린시티에 관심을 갖고 있는 투자자라면 특히 남측지역에 관심을 기울여야한다. 이 지역은 2단계로 개발사업을 추진하고 있으며 자동차 테마파크, 첨단산업단지, 복합아울렛, K-city 등이 조성될 예정이다. 더불어 서해선 복선전철 송산역이 2021년 개통예정이므로 역세권 개발 효과로 인해 투자가치가 매우 높다. 더불어 화성 바이오밸리, 남양연구소와 신설되는 고속도로 IC와 신설되는 송산·향남 역세권 주변에도 관심을 가져보길 바란다.

행정타운, 내포 신도시

과거 대한민국은 수도권 중심으로 예산을 편성하고 개발계획을 수립하여 경제성장을 이뤘지만 점차 인구과밀화 현상과 수도권 이외의 지방권 붕괴라는 심각한 문제에 직면했다. 이에 따라 정부는 2004년 국토를 균형적으로 발전시키기 위해 국가균형 발전 특별법을 수립하여 공공기관을 지방으로 분산시켰다.

세종시를 중심으로 부산, 대구, 광주, 울산, 강원, 충남, 충북, 전북, 경북, 경남, 제주에 11개의 혁신도시를 건설하여 지역 간 균형발전을 도모했다. 이 중 충남 홍성의 내포 신도시는 2012년 충남도청의 이전과 더불어 충남교육청, 충남지방경찰청, 충남도의회 등

공공기관이 이전되어 인구 유입을 통한 도시성장과 지역 활성화를 추진했다.

홍성은 충남도청이 이전한다는 계획이 발표되면서 투자 열풍이 불었던 지역 중 하나다. 공공기관이 이전함에 따라 내포 신도시에 인구 10만 명을 수용할 수 있는 도시가 조성되었지만 조성된 지 7년이 지난 현재까지도 수용인구는 채 3만 명이 되지 않는다. 아파트 미분양사태가 발생되고 공실률이 높아지면서 지역경제 활성화에 어려움을 겪고 있다. 현재 거주하는 주민들마저도 각종 생활 편의시설이 턱없이 부족하다며 불편을 호소하고 있다. 이러한 문제점이 야기되는 가장 큰 이유는 교통망과 생활권 인프라 구축의 부족함에 있었다.

하지만 홍성은 달라지고 있다. 정부에서 홍성을 투자선도지구로 지정하여 제2의 도약을 준비하고 있으며 광역교통망 구축 및 내포문화권을 연계하여 서해안 관광클러스터를 구축하는 등 많은 개발 호재로 인해 투자자가 몰리고 있다.

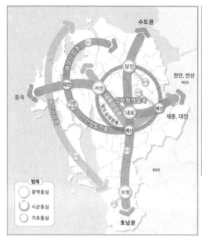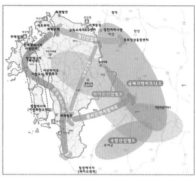

| 내포신도시 광역도시계획 [출처-충남도청]

현재 홍성 산업단지와 예산 산업단지를 연계하여 2020년까지 홍북읍 신경리 일원에 총 사업비 3,253억 원을 투입한 1,260,003㎡의 내포 도시첨단산업단지를 조성할 예정이다. 수소연료전지, 자동차부품등의 주력산업을 통해 내포 신도시와 아산, 서산, 당진을 연결하는 수소 전기차와 수소에너지산업클러스터로 육성할 계획을 갖고 있으며, 투자 선도지구 지정을 통한 용적률, 건폐율 완화와 각종 규제특례로 민간투자와 기업유치를 원활하게 진행하여 지역경제 활성화를 추진하고 지속 가능한 자족도시로 발전할 계획이다.

또한 내포 신도시로 연결되는 제2진입도로, 서부내륙고속도로, 대산~당진 간 고속도로, 아산~천안 간 고속도로, 서해선 복선전철,

장항성 복선전철 등이 완공되는 시점에는 수도권 및 광역권을 1시간
대로 연결하는 광역교통망이 구축된다. 이로 인해 광역권과의 접근
성이 용이해지고 물류비용 절감 효과와 더불어 서해안의 대규모 산
업단지와 연계하여 지역균형 발전을 기대할 수 있을 것이다.

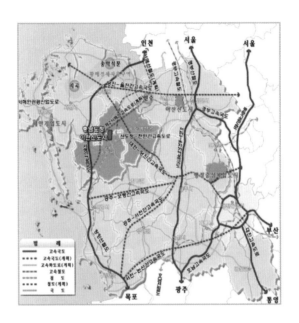

| 내포신도시 광역교통망 구축계획 [출처-충남도청]

충남 예산·홍성지역은 국제적 수준의 MICE 산업을 육성하고 내
포문화권과 주변 역사·문화·해양관광 자원을 연계하여 관광특화지
역으로 육성할 방침이다. 또한 광역교통망 구축계획에 따라 교통 인

프라가 구축되고 서해선 복선전철이 개통된다면 지역 간 균형 발전과 경제성장을 물론이고 인구 유입의 파급력 역시 상당할 것이다.

이 지역에 관심이 있는 투자자라면 화성 송산~충남 홍성까지 연결되는 서해선 복선전철 역사 주변을 눈여겨보라. 향후 북쪽으로 신안산선, 남쪽으로는 장항선과 서해선 복선전철이 연계되어 미래가치가 높아질 것이며 서해안벨트의 물류이송 및 관광산업이 중추적인 역할을 할 것이다.

현재 서해선 복선전철이 신설되고 있는 구간 중에서 화성 송산역, 평택 안중역, 당진 합덕역에는 많은 부동산 업자가 몰려 지가가 큰 폭으로 상승했다. 때문에 투자 매물을 찾기가 어려운데 상대적으로 소외되었던 충남도청역과 홍성역은 아직은 저평가되어 있다. 이 지역에 관심을 갖고 남들보다 한 발 앞선다면 좋은 기회가 될 것이다.

행정중심복합도시, 세종

세상의 으뜸이라는 의미를 담고 있는 세종시는 대한민국 국토균형 발전을 실현하고 수도권 과밀화를 해결하기 위하여 혁신도시 사업과 연계하여 노무현 정권부터 시행되었다. 서울과 과천에 분산되어 있던 정부기관이 정부세종청사로 이전하면서 행정중심복합도시로 지정되어 연기군(361.4㎢)과 공주시(77.6㎢), 청원군(27.2㎢) 일부를 흡수한 총 면적 465.2㎢(약 1억 4천만 평)의 광역자치단체로 2012년 7월에 출범했다.

세종시는 36여 개의 중앙행정기관과 16개 국책연구기관 등 행정기능을 중점으로 문화, 교육, 첨단산업 등의 자족형 복합도시를 목표로 하고 있다. 대한민국 중심에 위치하고 있는 세종은 수도권 및 광역권을 2시간 이내로 접근할 수 있는 광역교통망을 갖춰 최적의 입지를 자랑하고 있으며 도시생활권 및 교육환경이 뛰어나다.

이로 인해 인근 지역에서 아이를 키우는 부모들이 자녀교육을 위해 이동하면서 세종시 인구 증가에 한몫하고 있다. 현재 세종시는 인구 32만 명을 수용하고 있으며 2030년까지 인구 80만을 목표로 도시계획을 수립했다. 2019년 2월에 행정안전부가 세종으로 이전 완료했고 앞으로도 각 기관들이 차례로 이전할 예정이다. 세종은 앞으로도 지속적인 인구 유입을 통해 도시성장과 지역경제 활성화가 극대화될 지역이다.

과거 세종시에 국가행정기관이 이전한다는 계획이 발표되자 투기열풍이 일어나 개발지는 물론 인근주변의 땅값까지 폭등하여 수년 동안 전국 지가상승률 1위를 기록했다. 여전히 많은 국책사업과 서울~세종 간 고속도로, 공주~청주 간 고속도로, 신동·둔곡 국가산업단지, 전의·전동 일반산업단지, 천안~청주공항 복선전철, 세종국가산업단지 등 개발 호재에 따른 기대감으로 투자자들이 몰려들고 있다.

2024년 6월 개통을 목표로 하는 제2경부고속도로인 서울~세종 간 고속도로, 세종~청주 간 고속도로도 최근 예비타당성 조사 면제 사업으로 지정되면서 본격적으로 건설될 예정이다.

또한 명학 일반산업단지, 조치원 일반산업단지, 부강 일반산업단지, 소정 일반산업단지, 전의 일반산업단지, 월산 일반산업단지, 첨단산업단지, 미래일반산업단지 등과 연계하여 총 면적 2,492,011m^2에 총 사업비 6,660억 원을 투입하는 세종테크밸리, 벤처밸리, 스마트그린, 첨단(2공구)산업단지 등을 조성하고 있다.

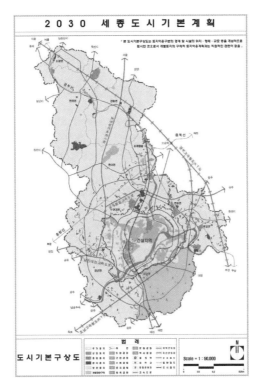

| 세종 도시기본구상도 [출처-2030세종도시기본계획]

세종시 연서면 일원에는 세종 스마트시티 국가산업단지가 100만 평의 규모로 2026년까지 조성될 예정이다. 스마트시티 국가산업단지는 5-1생활권의 스마트시티 국가시범도시와 연계하여 첨단신소재 및 부품산업을 집중적으로 육성한다. 또한 신도시와 조치원의 개발 축에 위치하여 지역 내 균형 발전을 위한 최적의 입지조건을 갖추고 있으며 충청권 대규모 특화산단을 연결하여 중부권 산업벨트 형성을 통한 신성장 거점으로 개발할 예정이다.

이 지역은 현재 투기를 방지하고 사업추진을 원활하게 하기 위하여 연서면 와촌리, 신대리, 국촌리, 부동리 등을 토지거래계약 허가구역으로 지정했으며, 농지(500㎡ 초과), 임야(1,000㎡ 초과), 그 외 토지(250㎡ 초과)를 거래할 경우 반드시 세종시장의 허가를 받아야 한다. 허가없이 계약을 체결하면 벌금에 처해지며, 일정 기간 허가받은 목적대로 이용하지 않으면 이행강제금이 부과된다.

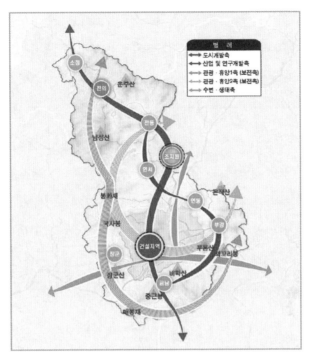

| 세종시 발전축 [출처-2030세종도시기본계획]

행정기관이 세종시로 이전한다는 계획이 발표된 후 전국에서 투자자들이 몰려 투기 바람이 불었다. 하지만 알다시피 개발지는 수용방식으로 개발사업을 진행하기 때문에 뒤늦게 투자한 사람들은 오히려 손해를 볼 수 있다.

그 당시 나는 고객들에게 개발사업지는 배제하고 개발지로 진입할 수 있는 도로망을 갖춘 장기면 봉안리(현 장군면 봉안리)의 계획관리지역을 컨설팅했다. 행정중심복합도시의 개발사업이 진행되고 도시의 골격이 갖춰지면서 개발지 인근 지역의 땅값이 큰 폭으로 상승했다. 컨설팅 당시 봉안 삼거리 인근의 계획관리지역은 평당 100만 원 정도였지만 현재는 평당 400만 원 이상에 형성되어 있다. 땅에 대해 전혀 모르고 처음 투자를 시작한 사람도 약 3~4배 이상의 수익을 거둔 성공적인 투자였다.

이 이야기를 하는 의도는 '내가 컨설팅을 제공해서 성공했다'가 아니라 수익을 볼 수 있는 땅은 이미 정해져 있으므로 이러한 개발계획을 미리 안다면 누구나 성공할 수 있다는 것이다. 그러므로 무조건 남들을 따라하지 말고 꼼꼼하게 따져 투자하라.

혹시라도 세종시에 투자를 망설이는 사람이라면 스마트시티 국가산업단지와 제2경부고속도로, 천안-청주공항 복선전철, 세종생활권과 연계하여 개발계획을 갖고 있는 전의면, 전동면, 소정리 등 북쪽 지역을 살펴보는 것이 좋다.

국제자유도시, 제주

제주도는 대한민국 최남단에 위치하고 있는 특별자치도이며 한국의 관광산업을 선도하고 있다. 세계 7대 자연경관으로 지정되어 꼭 한 번 가봐야 하는 휴양지로 손꼽히고 유네스코에 등재되어 세계유산으로 인정받고 있기도 하다. 제주도는 관광휴양의 최적지로 해마다 국내 관광객은 물론이고 외국인 관광객의 수도 늘고 있다.

이와 같은 관광산업뿐 아니라 각종 국책사업과 개발 호재로 인해 도시가 성장하고 있으며 꾸준한 인구 상승률을 보이고 있다. 2000년대 초반 40만 명이던 인구는 관광산업이 활성화와 지역균형 발전을 위해 공공기관이 서귀포시로 이전함에 따라 혁신도시가 조성되어 현재 70만 인구를 수용하고 있으며 2025년까지 100만 인구를 목표로 개발계획을 추진하고 있다.

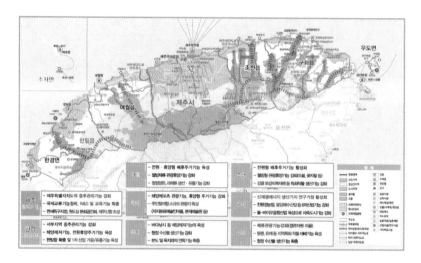

| 제주시 개발계획도 [출처-2025제주특별자치도 도시기본계획]

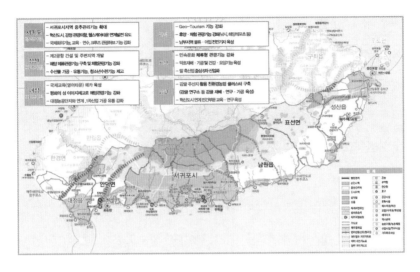

| 서귀포시 개발계획도 [출처-2025제주특별자치도 도시기본계획]

현재 제주서귀포시 서호동, 법환동 일원에 총 면적 113만㎡로 조성된 혁신도시에는 한국정보화진흥원, 한국국제교류재단, 재외동포재단, 국토교통인재개발원, 국세공무원교육원, 공무원연금공단, 국세청 주류면허지원 센터, 국세청고객만족센터, 국립기상과학원 9여 개 정부기관이 이전을 완료하여 인재육성과 지역경제 활성화를 도모하고 있다.

2021년까지 약 1조 5000억 원을 투입하여 천혜자연과 첨단의료산업이 어우러진 제주헬스케어타운을 완공할 예정이다. 이는 서귀포시 동홍동, 토평동 일원에 위치하며 약 154만㎡의 규모를 자랑한다.

제주국제자유도시 핵심사업으로 관광, 의료, R&D 등이 연계된 의료복합단지 조성을 추진하고 있다. 안티에이징 센터, 재활훈련센터, 휴양콘도미니엄, 헬스케어센터, 의료연구개발센터, 메디컬스트리트, 워터파크, 복합리조트 등의 조성으로 고용창출은 물론 제주 지역경제 활성화에도 크게 기여하고 있다.

이렇게 많은 개발사업이 활발하게 진행되고 있기 때문에 제주도는 투자자들이 특히 선호하는 투자처이다. 제주도 땅 소유자 중 외지인의 비율이 32.6%에 달하는 만큼 제주도에 관심을 갖고 있는 투자자가 많다는 것을 알 수 있다. 한때 중국인 투자자들이 제주도 일대에 투기 바람을 일으켜 땅값이 큰 폭으로 상승했고 이로 인해 오히려 국내 투자자들이 쉽게 접근하지 못하는 헤프닝이 벌어졌다. 제주도의 작년 지가 상승률은 약 5%대로 전국에서 6번째로 높다.

제주도 지가 상승률이 지속되고 투자자들이 몰려드는 이유는 신화역사공원, 제주신공항, 신항만, 영어교육도시, 서귀포관광미항, 첨단과학기술단지, 헬스케어타운, 애월 국제문화복합단지 등과 같은 대규모 개발 호재와 개발사업에 따른 수익 기대감 때문이다.

2025년까지 성산읍 신산리, 온평리, 난산리 일원에 $4.9km^2$(약 150만 평) 규모로 총 사업비 4조 8000억 원을 투입하여 연간 2000만 명을 수용할 수 있는 제주 신공항을 조성할 예정이다. 해양수산부와 제주도는 현재 제주항을 확장하여 동북아 국제해양관광 중심지로 육성한다. 또한 2040년까지 총 사업비 2조 8760억 원을 투입하여 초대형 크루즈터미널, 국내여객터미널, 오션파크, 마리나시설, 컨벤션, 아쿠아리움, 면세점, 항만물류복합시설 등을 조성하는 제주 신항만을 조성할 계획이다. 이 밖에도 첨단1산업단지는 아라동 일원에 약 33만 평으로 조성되어 가동하고 있으며 이를 연계하여 월평동 일원에 약 26만 평 규모의 2단지를 조성할 예정이다.

제주도에 관심을 갖고 있는 투자자라면 서귀포에 주목해야 한다. 신화역사공원과 영어교육도시가 대규모로 조성되고 있기 때문에 향후 가치성이 높은 지역이라고 할 수 있다. 총 사업비 2조 4천억 원을 투입한 신화역사공원은 서귀포시 안덕면 성광리 일원에 약 120만 평 규모로 동서양 신화, 역사, 문화를 반영한 테마파크를 조성하고 있다.

2014년에 약 10만 평 규모의 제주항공우주박물관이 개관했으며 제주신화월드에는 월드테마파크, 휴양리조트, 가족형·복합리조트, 대규모 쇼핑타운 등이 2019년까지 완공될 예정이다. 신화역사공원의 사업효과로 약 26만 명에 달하는 인구유입이 예상된다.

또한 서귀포시 대정읍 일원에 총 사업비 1조 9256억 원을 투입해 국제학교, 주거·상업시설, 영어교육센터, 교육문화시설 등으로 구성된 제주영어교육도시를 조성한다. 이는 2021년에 완공 예정이다.

제주영어교육도시는 해외유학이나 어학연수로 인한 외화유출을 억제하고 교육 분야의 국제경쟁력을 강화하기위해 정부가 추진하고 있는 국가 핵심 프로젝트이다. 대한민국 첫 미국 사립보딩스쿨 한국국제학교(KIS)는 1~12학년의 커리큘럼을 바탕으로 984명을 정원을 수용할 수 있으며 영국 최고의 명문 노스런던컬리지잇스쿨 제주(NLCS JEJU)는 유치원~13학년의 커리큘럼을 바탕으로 1500여 명을 수용할 수 있다.

캐나다 명문 여자사립학교인 브랭섬홀 아시아(BRANKSOME HALL ASIA)는 유치원~12학년까지 IB DP 커리큘럼을 바탕으로 1212명을 수용하며 2017년 개교한 세인트존스베리아카데미 제주(ST JOHNSBURY ACADEMY JEJU)는 미국 명문 사립학교의 교육과정을 그대로 운영하며 4~12학년의 커리큘럼으로 1250명의 정원을 수용할 수 있다. 또한 싱가포르 명문 중고등학교인 ACS 국제학교가 설립될 예정이다. 최근에는 홍콩 라이프트리 BILINGUAL 국제학교 설립 MOU를 체결했다. 이로 인해 자녀들의 교육을 위해 국내외 학부모들이 영어교육도시로 몰려들고 있어 제주도의 강남이라는 말이 생겨났을 정도다. 이렇듯 제주도는 앞으로도 지가가 상승할 여지가 충분하기 때문에 특히 서귀포 지역을 눈여겨본다면 충분히 승산이 있을 것이다.

땅에 투자하면
인생을 바꿀 수 있다

01. 맹지도
기회가 될 수 있다

많은 전문가들이 도로의 유무에 따라 땅의 가치가 달라진다고 말한다. 건축을 하기 위해서는 도로가 필요하기 때문에 중요한 부분인 것은 분명한 사실이다. 일반적으로 맹지라고 하면 투자가치가 없고, 심지어는 건축도 할 수 없어 쓸모없는 땅이라고 생각한다. 하지만 도로가 없는 맹지 중에도 투자가치가 높은 땅이 분명히 있다. 도로가 접해있지 않기 때문에 전혀 가치 없어 보이지만 서류를 정확하게 분석할 수 있는 안목만 갖추고 있다면 오히려 좋은 투자 기회로 만들수 있다.

내가 처음 투자했던 땅도 맹지였다. 그러나 그동안 수많은 지역을 다니며 지자체의 도시계획을 확인하고, 아무것도 없던 허허벌판에 가로망이나 세로망 도로가 형성되어 도시가 만들어지는 현장을 봐온 나에게는 아주 못 쓸 땅이라고만 생각되지는 않았다.

다만 내가 투자하려는 땅이 정확하게 어떤 계획이 잡혀있는지 확인해야 하기 때문에, 토지이용계획확인서를 먼저 열람했다. 용도는 '도시지역, 제1종일반주거지역'으로 8~10m의 2차선 계획도로가 저촉 되어 있었다. 지자체의 도시계획 서류까지 확인한 결과 미래가치성이 충분하다고 판단했다.

시간이 흘러 이 지역에 대규모 산업단지가 들어서 인구가 유입되고 이로 인해 개발사업이 진행되면서 내가 투자한 땅 앞으로 서류에 명시되어 있었던 2차선 도로가 접하게 되었다. 맹지였던 땅의 가치가 바뀌었고 이후 주변에는 원룸과 근린상가가 들어서 땅값이 몇 배나 뛰었다. 당장 아무 맹지나 사라는 말이 아니다. 땅이라는 것은 쓰임새가 이미 정해져 있다는 얘기를 하고 싶은 것이다.

내 눈에 보이는 것만 믿고 땅을 판단하지 마라. 땅의 신분은 마음대로 바꿀 수 있는 것이 아니다. 당장 건축이 필요하다면 도로의 유무가 매우 중요하겠지만 장기적인 투자용도로 본다면 도시계획이 잡혀있는 맹지가 다르게 보일 것이다.

02. 실전사례로 보는
땅 투자 비법

처음 부동산에 입문하여 대전 학하지구에 컨설팅을 했던 고객이 있다. 그 당시 대전에는 도안지구와 더불어 관저지구, 학하지구 등 도시개발사업을 진행하는 계획들이 발표되고 있었다. 이로 인해 대전에 거주하는 사람뿐 아니라 각 지역의 투자자들이 땅을 사들이기 시작했다.

대부분의 투자자들이 도안지구에 주목하고 있을 때 내 눈에는 학하지구가 들어왔다. 도안지구는 LH에서 수용방식으로 개발사업을 진행하기 때문에 뒤늦게 투자한 사람들은 이익을 볼 수가 없었다. 반면 학하지구는 환지방식으로 진행되니 한발 늦더라도 미래가치성을 기대할 수 있었다. 나는 관련정보와 서류를 수집하여 고객들과 지인들에게 공유했다. 그중 한 고객이 사무실로 찾아왔다.

A 고객
도안동에 신도시가 들어와서 좋아질 거라던데 맞나요?

필자
네. 도안동에 대전의 중심상권이 형성될 겁니다.

A 고객
부모님 살아계실 때부터 이 지역에 살았는데 이렇게 될 줄 알았으면 땅 좀 미리 사놓을 걸 그랬네요.

A 고객
제가 지금 3억 정도 쓸 수 있는데 도안지구에 투자할 만한 땅 있나요?

필자
개인적으로는 투자용도라면 도안지구보다 학하지구를 추천합니다.

A 고객
주변사람들은 다 도안지구에 투자하던데.

A 고객
학하동 거기는 사람들이 안가요. 둔산동에서 출퇴근 거리도 멀고 아무것도 없는데 무슨 개발이 되겠어요.

필자
도안동이 대전에서 생활권이 가장 잘 갖춰지고 좋아지는 것은 분명한 사실이지만, 학하동이 투자가치로는 더 좋습니다.

필자
그리고 지금 도안동에 투자하셔도 수용방식으로 개발이 진행되기 때문에 이익을 보기 힘드실 거예요.

A 고객
… 그럼 학하동에 좋은 땅 있으면 한 번 보러갑시다.

필자
이곳은 도시계획이 수립되어 도시가 형성될 지역입니다. A, B 물건 모두 투자가치가 높습니다.

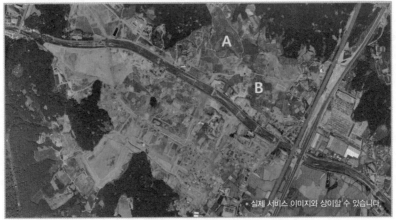

| 학하지구 1[출처-카카오맵 스카이뷰]

A 고객

A는 논이고 B는 산인데 개발이 되겠어요? 도로가 없어서 건축도 못하겠네요. 이런 땅이 투자가치가 높다니요? 농사지을 것도 아닌데 이런 땅을 사서 뭐해요. 저보다 땅을 모르시는 것 같네요.

필자

땅은 생김새나 모양을 보고 가치를 판단하는 것이 아닙니다. 가장 중요한 것은 서류입니다.

필자

 지금은 논과 산뿐인 데다 도로도 접해있지 않지만 구획정리사업을 통해서 A와 B 모두 도로가 접하게 됩니다. 그 후 도시가 형성되고 인구가 밀집될 지역이라 미래가치성이 높습니다.

A 고객

평당 얼마입니까?

필자

도시개발사업이 발표되고 알만한 투자자들은 이 지역 땅을 사들이고 있어서 가격이 많이 상승하고 있습니다. 현재는 평당 70만 원대입니다.

A 고객

내가 여기 어려서부터 살았어요. 거기 논이나 임야를 몇 만 원이면 사는데 무슨 평당 70만 원씩이나 한다는 겁니까?

필자

논이든 산이든 용도와 가치성에 따라 가격이 다릅니다. 투자하지 않으셔도 좋으니 이 서류를 한 번 검토해보세요. 이해가 가실 겁니다.

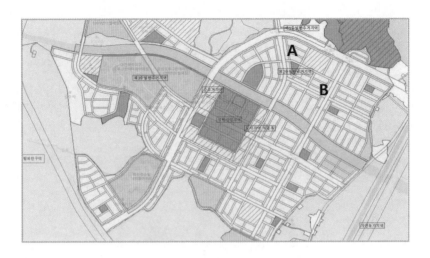

| 학하지구 2

필자
현재 A, B 물건 모두 학하지구 도시개발사업 즉, 도시계획이 지정되어 있으며 눈으로만 봤을 때는 가치성이 전혀 없어 보이지만 도시지역, 2종 일반주거지역으로 주거지가 조성됩니다.

필자
게다가 도시계획도로가 예정되어 있기 때문에 개발사업이 진행되면 가치가 바뀔 겁니다.

A 고객
빨간색 선으로 표시한 곳에 도로가 만들어지는 건가요?

필자

네. 앞으로 몇 차선이 형성되는지도 확인할 수 있습니다.

A 고객

그렇다면 나중에 이 지역이 개발되면 내 땅을 뺏기는 건 아닌가요?

필자

아닙니다. 도안동 같은 경우는 수용개발로 진행되기 때문에 일정 보상을 받고 소유권을 넘겨야 하지만, 이 지역은 환지방식입니다. 토지로 되돌려 받기 때문에 개발 이익이 토지 소유자에게 귀속됩니다.

A 고객

그렇군요. 이런 건 몰랐던 사실이네요. 아까 한 말은 미안합니다. 일주일만 생각해보고 연락드리겠습니다.

일주일 뒤

A 고객

저번에 본 땅이 계속 아른거려서……

이렇게 A 고객은 내가 소개한 땅에 투자를 결정했다. 땅에 투자할 때는 부대비용도 만만치 않은지라 지주와 협의를 통하여 1,315m^2 (약 398평)를 평당 65만 원에 매입할 수 있도록 도와드렸다. 이것이 나의 첫 컨설팅이었다.

하지만 아무리 정확한 땅이라고 할지라도 타인의 자금을 컨설팅한다는 것의 책임감은 상당했다. A 고객은 투자를 한 뒤에도 하루가 멀다 하고 연락해선 주변에서 왜 맹지를 샀느냐, 여긴 개발이 안 된다며 난리가 났다고 언제 개발이 진행되는지, 땅값이 오르긴 하는지 물었다. 대략 3~4년쯤 지났을까? 이 지역은 도시개발사업이 진행돼 평당 130만 원 ~150만 원대로 상승했다. 투자할 당시의 시세는 평당 70만 원대였다.

| 학하지구 2 [출처-카카오맵 스카이뷰]

A 고객

땅 가격이 많이 올랐어요. 중개사에서 매수자가 있을 때 평당 150만 원에 팔면 어떻겠냐고 연락이 계속 오는데 정리할까요? 오를 만큼 올랐다고 하던데……

필자

급하지 않으시다면 4~5년 정도 더 가지고 계시는 게 좋을 것 같습니다.

필자

앞으로 가격이 더 상승할 겁니다. 인근에 초등학교, 중학교, 고등학교, 대학교도 인접해있으니 꾸준히 인구가 유입될 겁니다. 조금 더 가지고 계시다가 추후에 건물을 신축해서 임대사업을 하시는 것도 괜찮다고 생각합니다.

이후에도 학하지구의 땅값은 꾸준히 상승했다. 현재는 주거지역이 500만 원 이상, 상업지역은 800만 원 이상에 거래되고 있으며 도안지구와 연계하여 개발사업을 활발하게 진행하고 있다.

고객은 조언대로 땅을 팔지 않고 건물을 올려 임대사업을 하고 있으며 이 일을 시작으로 세미나에 참석해 투자 방법을 배우기 시작했다. 큰 수익을 본 덕분이었는지 배우고 습득하는 것도 빨랐다. 이제는 스스로 도시계획을 확인해 투자하고 있을 정도다.

좋은 고객을 한 명 놓친 셈이지만 세미나를 주최한 본래의 목적을 이뤘기 때문에 뿌듯함이 상당하다. 이 고객에게 처음 컨설팅을 진행할 당시 '앞으로 이렇게 되면 좋겠다'라는 기대만으로 땅을 소개한 것이 아니다. 이 땅을 컨설팅했던 당시에 발표되었던 내용을 공유해 보려 한다.

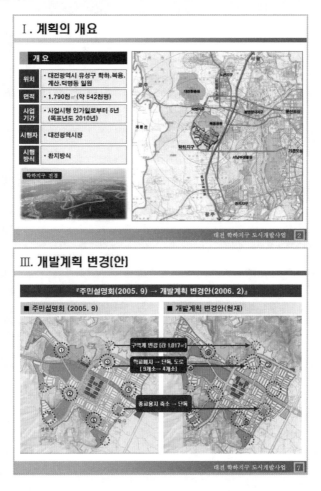

IV. 지구단위계획

건축물 밀도계획

구 분		건폐율(%)	용적률(%)
주거용지	단독주택	60	200
	블럭형 단독	50	100
	공동주택	30	210
	상업용지	70	기준 : 700 허용 : 800
	준주거용지	60	기준 : 300 허용 : 400
	근생용지	60	200
	학 교	60	200
	공공청사	60	200
주차장	단독주택	80	200
	준주거용지	80	400
	상업용지	80	600
	종교시설	60	200
	주 유 소	60	200

대전 학하지구 도시개발사업 17

IV. 지구단위계획

건축물 높이계획

구 분		높 이 계 획
주거용지	단독주택	• 4층 이하
	블럭형 단독	• 3층 이하
	공동주택	• 중·저층부 : 5~14층 • 고 층 부 : 15~25층
상업용지	간선변/하천변	• 10층 이하 (최저 3층 이상)
	이 면 부	• 7층 이하 (최저 2층 이상)
	보행자도로변	• 5층 이하 (최저 2층 이상)
준주거용지	간선변/하천변	• 10층 이하 (최저 3층 이상)
	이 면 부	• 7층 이하 (최저 2층 이상)
	판반대 남측	• 5층 이하 (최저 2층 이상)
공공시설용지	학 교	• 5층 이하 (대학 : 15층 이하)
	공공청사	• 5층 이하
	종교 / 주유소	• 3층 이하
	주차장 단독주택	• 3층 이하
	준주거	• 5층 이하
	상업용지	• 7층 이하

대전 학하지구 도시개발사업 18

| 학하지구 도시개발사업 [출처-대전광역시 홈페이지]

관심만 있다면 누구나 해당 지역의 투자처를 확인할 수 있다. 개발계획이 잡힌 지역과 시행방식까지 말이다. 이때 주의해야 할 점이 있다. 도시계획을 확인하는 것이 투자 전 확인해야할 서류의 끝이 아니다. 시행방식 중에서도 '택지개발사업'이나 '공공'이 기재되면 국가에서 수용방식으로 개발하는 것이니 자칫 땅을 뺏기는 상황이 생길 수 있다. 그러니 시행방식을 검토해야 한다.

수용방식으로 진행되는 경우 상속이나 증여를 통해 그 땅을 오랫동안 소유하고 있던 원 지주는 큰 이익을 볼 수 있지만 뒤늦게 투자한 사람들은 오히려 매입한 가격보다 보상금이 적을 수 있다. 그러므로 도시계획이 잡혀있는 곳에 투자를 할 때는 **환지방식**으로 투자해야 한다.

위 서류를 자세히 살펴보면 투자를 결정할 수 있는 중요한 정보를 얻을 수 있다. 개발사업이 진행될 위치와 면적, 사업 기간은 물론 시행방식까지 공개되어 있고, 개발이 완료된 후의 쓰임새와 용적률·건폐율 역시 개재되어 있기 때문에 땅에 대한 정확한 판단을 할 수 있다. 이것이 바로 **서류를 분석할 수 있는 안목**을 키워야 한다고 수없이 명시한 이유이다. 다른 할 말이 없었겠는가? 굉장한 전문 지식을 내세울 이유가 없었다. 단지 이 책을 읽고 정확하게 얻은 것이 있어야 한다고 생각했다. 땅 투자는 내가 잘나서 잘되고, 못나서 안되는 것이 아니다.

　몇 가지 사례를 통해 확인해보자.

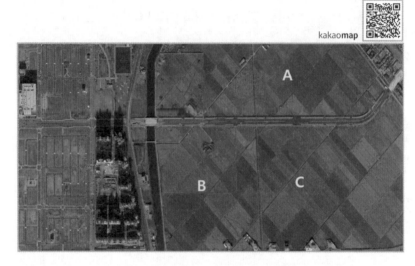

| 그림-1 [출처-카카오맵 스카이뷰]

　위 그림-1의 A 지역, B 지역, C 지역 모두 눈으로 보기에는 그냥 논일 뿐이다. 심지어는 도로도 없는 맹지이다. 현장에 가서 눈으로 보면 투자가치는커녕 당장 허가를 받아도 도로가 없어 건축이 불가능하다는 생각이 들 것이다. 그러나, 앞에서 여러 번 강조했던 것처럼 투자가치가 있는 맹지도 있다.

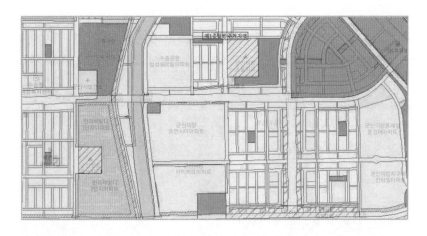

| 그림-2

　　그림-2처럼 빨간 선으로 도시계획도로가 어디로 형성될 것인지
가 미리 정해져 있고 A 지역은 상업지역, B 지역은 제2종 일반주거지
역, C 지역은 제1종 일반주거지역으로 도시계획이 수립되어있는 것
을 확인할 수 있다. 이 서류만 확인하더라도 내가 투자하려는 땅이
어떤 용도로 쓰일지, 가치성이 바뀔 수 있는지 파악할 수 있다.

| 그림-3[출처-카카오맵 스카이뷰]

그림-3을 보면 지자체가 수립한 도시계획에 따라 구획정리사업이 진행되면서 아무것도 없던 허허벌판에 도로망이 건설되고 도시가 형성되고 있다. 맹지였던 땅의 가치가 바뀐 것이다. 맹지라 해서 남들이 선호하지 않을지는 몰라도 서류 하나만 제대로 확인할 줄 안다면 이 땅의 미래를 충분히 알 수 있다.

다른 지역은 상황이 다른가? 또 하나의 사례를 보자.

| 그림-4[출처-카카오맵 스카이뷰]

그림-4를 보면 A, B, C, D 모두 맹지이다. 현장만 보면 투자하고
싶다는 생각도 들지 않을 것이다. 하지만 서류를 확인해본다면 마음
이 바뀔 것이다.

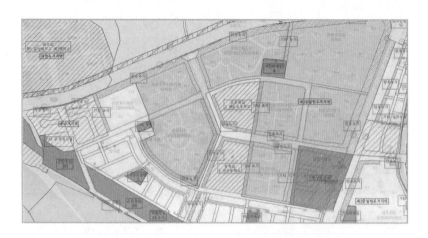

| 그림-5

　　그림-5를 보면 A는 3종 일반주거지역, B, D는 2종 일반주거지역,
C는 상업지역으로 지정되어 있다. 도로가 어떻게 형성될지도 확인할
수 있다. 이것이 땅 투자의 포인트다.

　　무작정 현장에 가서 땅을 본다면 가치성을 전혀 판단할 수 없다.
어떠한 용도로 지정되어있는지, 계획도로가 예정되어 있는지는 서류
를 확인하지 않는다면 알 수가 없다. 반면 이러한 정보들을 먼저 확
인한다면 A에 아파트가 들어선다는 것과 C에 상가건물이 밀집돼 상
권이 갖춰진다는 것을 정확하게 예측할 수 있다.

| 그림-6[출처-카카오맵 스카이뷰]

그림-6을 보면 도로망은 물론 미리 정해진 대로 개발사업이 진행되는 것을 확인할 수 있다. 당신이 미리 이 지역에 대해 공부해 이 땅을 선점했거나 앞으로 이러한 지역의 땅을 미리 선점한다면 어떨 것 같은가?

우리가 반드시 잊지 말고 기억해야 할 사항이 있다. 땅은 현재의 모습보다 시간이 지나 어떻게 쓰일 것인지가 중요하다. 그간 미래를 예측하거나 그려보는 것이 막막했을 것이다. 하지만 지금까지 이 책을 꼼꼼히 읽었다면 더이상 누군가의 성공을 마냥 부러워할 일은 없을 것이다.

첫 술에 배부르랴.

투자 전에 내가 살아온 주변 지역을 돌아보고 개발이 된 지역의 도시계획 서류를 찾아 개발되기 전과 후를 비교해보면서 공부해보라. 투자의 맥을 짚을 수 있을 것이다.

부자들만 땅에 투자하는 것이 아니다. 땅에 투자했기 때문에 부자가 된 것이다. 늦었다고 생각한 순간이 가장 빠른 때라고 하지 않던가. 지금부터 뭐든 시작해보라. 더불어 이 책을 읽은 모든 이들이 땅 투자에 성공하길 기원한다.

땅 투자, 이렇게 한번 해볼래요?

초판 1쇄 발행 2019년 8월 1일

지은이 박근용
발행인 곽철식

책임편집 구주연
디자인 강수진
펴낸곳 다온북스
인쇄 영신사
출판등록 2011년 8월 18일 제311-2011-44호
주소 서울 마포구 토정로 222, 한국출판콘텐츠센터 313호
전화 02-332-4972 팩스 02-332-4872
전자우편 daonb@naver.com

ISBN 979-11-90149-02-0 (13320)

이 도서의 국립중앙도서관 출판예정도서목록(CIP)은 서지정보유통지원시스템
홈페이지(http://seoji.nl.go.kr)와 국가자료공동목록시스템(http://www.nl.go.kr/kolisnet)에서
이용하실 수 있습니다.(CIP제어번호: CIP2019028196)

• 다온북스는 독자 여러분의 아이디어와 원고 투고를 기다리고 있습니다.
  책으로 만들고자 하는 기획이나 원고가 있다면, 언제든 다온북스의 문을 두드려 주세요.